KB270080

헌법이 궁금해?
책봇이 알려줄게!

헌법이 궁금해? 책봇이 알려줄게!

글담출판

'왜?'라고 질문하는 순간,
세상에 대한 설명서를 갖게 될 거예요.

"이건 왜 이러는 걸까?" "그건 무슨 뜻이지?"

친구와 이야기를 나누다가 혹은 우연히 뉴스를 본 뒤 문득 마음속에 이런 궁금증이 일어날 때가 있을 거예요. 그럴 때마다 여러분은 어떻게 했나요? 그냥 넘겼나요? 아니면, 누군가에게 물어봤나요? 혹은 혼자 조용히 곰곰이 생각해 봤을 수도 있겠지요.

선생님은 그런 순간이 참 소중하다고 생각해요.

'무언가에 대해 알고 싶다'는 마음은, '왜 그런지 알고 싶다'는 마음은 지금 여러분이 자라고 있다는 증거예요. 그리고 여러분만의 방식으로 세상을 만나고 있다는 아주 특별한 신호이기도 해요.

이 책은 그런 여러분의 질문에서 시작됐어요.

"헌법이 뭐지?" "헌법을 알면 내 삶이 달라지나?" "학교에서 부당한 일을 당했을 땐 어떻게 해야 하지?" 같은 질문들 말이에요.

마치 챗GPT처럼 여러분이 헌법에 대한 궁금증을 물으면 책봇이 하나하나 답해 준다는 컨셉으로 구성되어 있어요. 〈책봇 시리즈〉의 첫 번째 책이기도 해요. 이 시리즈는 청소년들이 세상과 자신을 이해하는 데 꼭 필요한 핵심 주제들을 질문과 답변 형식으로 풀어 내요. 단순히 내용을 이해하는 데 그치지 않고, 그 지식을 삶 속에서 어떻게 쓸 수 있는지까지 안내하고자 해요.

조금은 낯설고 어려워 보이지만, 사실 헌법은 우리 일상과 아주 깊이 연결되어 있답니다. 그래서 헌법을 안다는 건 내가 사는 세상을 이해한다는 뜻이기도 해요.

우리가 살아가는 세상에는 모두가 지켜야 할 최소한의 약속이 필요해요. 게임을 할 때도 규칙이 있지요. 어떤 무기를 쓸 수 있는지, 반칙을 하면 어떤 벌을 받는지 정해져 있어요. 그래야 모두가 공정하게 게임을 오롯이 즐길 수 있죠. 우리 사회도 마찬가지예요. 서로를 존중하고, 자유롭고 안전하게 살아가기 위해서는 공통의 규칙이 필요해요. 그게 바로 헌법이에요.

헌법은 우리가 겪는 갈등과 문제를 바라보는 기준이 되어 주고, 때로는 부당한 일을 막아 주는 든든한 울타리가 되어 줘요. 부당한 일을 겪거나 어떤 행동이 옳은지 고민될 때 우리는 헌법이 정한 기준 안에서 판단하고 행동하고 있어요. 그 기준을 제대로 알고 있다면, 적극적으로 자신을 보호하고 권리를 지킬 수 있어요.

만약 지금 헌법이 없었다면, 우리에겐 자유도, 권리도, 국가도 없었을 거예요. 내가 살고 싶은 곳에서 원하는 일을 하며 살 수도 없었을 것이고, 차별을 받아도 문제를 제기할 수 없었을 거예요.

지금 우리가 누리고 있는 헌법은 저절로 생겨난 것이 아니에요. 수많은 사람의 희생과 투쟁, 목소리와 용기가 있었기에 가능한 일이었어요. 이제는 우리가 그 뜻을 이어갈 차례입니다.

헌법을 알고, 질문하고, 더 나은 방향을 함께 고민하는 것. 그게 바로 민주주의 시민이 되는 첫걸음이에요.

헌법은 어른들만의 것이 아니에요. 여러분의 것이기도 해요.

지금 이 책을 펼친 여러분이야말로, 앞으로 헌법을 만들고 바꾸어 갈 사람이에요. 여러분의 손끝에서 더 다정하고 공정한 세상이 시작되기를 바라요. 그리고 그 시작이 바로 이 책이 되기를 바라요.

머리말_ '왜?'라고 질문하는 순간,
　　　　세상에 대한 설명서를 갖게 될 거예요.

1장 ··· 헌법이 뭐길래?

1. 헌법이 도대체 뭐야?

2. 왜 헌법을 '가장 높은 법'이라고 부를까?

3. 헌법은 누구를 위해 만들어졌을까?

4. 우리나라 헌법은 어떻게 만들어졌을까?

5. 헌법은 어떻게 구성되어 있을까?

6. 헌법은 모든 나라가 똑같을까?

헌법이
도대체 뭐야?

요새 뉴스를 보면 '헌법'이란 말이 많이 나와요. 헌법에 위배된다는 둥, 헌법 재판관을 임명한다는 둥 계속 이야기가 나오는데 그게 뭔지 확실하게 잘 모르겠어요. 우리가 알고 있는 법과 헌법은 다른 거예요? 헌법재판관과 판사는 역할이 다른가요? 헌법이 뭔지 쉽게 알려 주세요.

헌법에 대해 궁금해졌구나!

헌법은 우리가 흔히 알고 있는 다른 법들과는 달라. 아주 특별하고, 가장 중요한 법이지. 나라의 모든 법 위에 있고, 다른 법들을 다 포함하거든. 쉽게 말해 헌법은 국가의 기본 틀을 정하는 법으로, 국민의 권리와 의무를 보장하며, 국가가 어떻게 운영되어야 하는지를 규정해.

'국민의 권리'가 뭔지부터 알아볼까? 국민의 권리란, 우리가 사람으로 태어나면서부터 갖는 기본적인 권리를 말해. 헌법은 이 권리를 지켜 주는 법이지. 예를 들어, 죄 없이 신체를 구속받지 않을 자유, 내가 믿고 싶은 종교를 믿을 수 있는 자유, 내 생각을 표현할 수 있는 자유, 내 재산을 가질 자유 등이 헌법에 적혀 있어. 한마디로 헌법은 우리 모두가 인간답게 살 권리가 있음을 알리는 법이야.

그리고 헌법은 국민의 권리뿐만 아니라, 국회와 정부 같은 국가 기관이 어떻게 일해야 하는지도 명시하고 있어. 선거는 어떻게 해야 하는지, 지방자치단체는 어떻게 운영되는지 같은 것들 말이야. 국가의 기본 틀인 국토와 국민에 대한 내용도 헌법에 담겨 있지. 헌법에 따르면 대한민국의 영토는 한반도와 그에 딸린 섬이고, 국민은 대한민국의 주권을 가진 권력의 원천으로 정의돼. 이처럼 헌법은 나라의 기본 틀을 잡아 주고, 앞으로 우리나라가 어느 방향으로 나아갈지를 정해 줘. 나라 전체를 움직이는 나침반 같은 역할을 하는 거지. 커다란 배가 폭풍을 만나 어디로 가야 할지 모르는 상황이라면 선장은 뭘 보고 방향을 정할까? 바로 '나침반'이지. 헌법도 우리에게 그런 나침반 같은 존재야.

우리가 아는 다른 법, 예를 들어 민법, 도로교통법, 학교폭력 예방법, 형법 등은 모두 헌법을 바탕으로 만들어졌어. 그래서 헌법이 모든 법의 뿌리라고 불리는 거야. 만약 어떤 법이 헌법에 어긋난다면, 그 법은 무효가 될 수도 있어. 국회가 법을 제정하거나 정부가 정책을 시행할 때, 또 누군가의 행동이 옳은지 그른지 혼란스러울 때도 헌법이 기준이 되지. 그러니까 헌법은 우리가 올바르게 살아가는 데 도움을 주는 중요한 잣대라고 볼 수 있어. 그리고 헌법에 부합하는지 아니면 어긋나는지를 판단

하는 분들이 바로 헌법재판관이야.

헌법재판관은 우리가 흔히 아는 판사와는 조금 다른 역할을 해. 판사는 개인 간의 분쟁이나 범죄 사건을 해결하지만, 헌법재판관은 법이나 정책이 헌법에 맞는지 아닌지 따지는 일을 하지. 예를 들어, 누군가가 어떤 법이 국민의 자유를 침해한다고 주장하면, 헌법재판관이 그 법이 실제로 헌법에 어긋나는지 검토하고 결정을 내려.

대한민국 헌법 제1조를 보면 이런 말이 나와.

제1조 1항 : "대한민국은 민주 공화국이다."

제1조 2항 : "대한민국의 주권은 국민에게 있고, 모든 권력은 국민으로부터 나온다."

이 말은 우리나라가 민주주의 국가이고, 국민이 나라의 주인이라는 뜻이야. 그런데 정확하게 이 말이 뜻하는 바가 뭘까? 국민이 나라의 주인이라면 뭐든 내 마음대로 해도 될까? 그건 아니겠지? 헌법 조항은 이처럼 다소 막연하고 추상적이라 우리 일상생활에서 구체적으로 어떻게 작용하는지 쉽게 와닿지 않을 수 있어. 이건 헌법 조항이 현실을 바탕으로 하되 미래에 일어날 다양한 상황까지 고려해서 만들어졌기 때문이야. 그래서 내용을 아주 구체적으로 정하기보다는 일반적이고 포괄적으로 정해 놓지. 대신, 헌법 아래의 개별 법령에 헌법의 원칙이 구체적으로 적용되는 거야. 그러니까 모든 법은 헌법의 영향을 받는다는 뜻이야. 그렇다고 헌법을 너무 어렵게만 생각할 필요는 없어. 책장을 넘기다 보면 헌법이 점점 더 친근하게 느껴질 테니까 말이야.

왜 헌법을
'가장 높은 법'이라고 부를까?

헌법이 법보다 더 세다고 하는데 '법보다 더 센 법'이라는 말이 좀 이상하게 들려요. 왜 헌법이 다른 법에 비해 특별한 위치에 있는 건가요? 만약 헌법과 다른 법이 충돌하면 어떤 법을 따라야 하나요?

좋은 질문이야!

헌법이 왜 '가장 높은 법'이라고 불리는지 알려면 먼저, 법에도 높고 낮음이 있다는 걸 알아야 해. 세상에는 다양한 법이 있어. 큰 법부터 작은 규칙까지 종류가 많지. 이러한 법은 정해진 위계(높낮이)에 따라 배열되고, 그 꼭대기에 헌법이 있어.

우리나라 법의 위계는 다음 그림처럼 되어 있어. 헌법 아래에는 법률, 명령, 조례, 규칙 등이 있지. 법률은 헌법의 내용을 더 자세히 풀어서 만든 거라 헌법을 벗어날 수 없어. 또 명령은 헌법과 법률을 더 구체적으로 만든 거라 역시 그 범위를 넘어설 수 없지. 이렇게 보면 법의 체계는 마치 피라미드처럼 층층이 쌓여 있고, 규칙부터 법률까지 모든 법은 헌법이라는 큰 울타리 안에서 서로 연결되어 있어.

헌법은 우리나라 최고법으로, 국민의 기본권은 물론이고 국가의 기본 질서 그리고 입법부(국회), 행정부(대통령과 정부), 사법부(법원)라는 삼권분립 체계를 규정한 중요한 법이야. 따라서

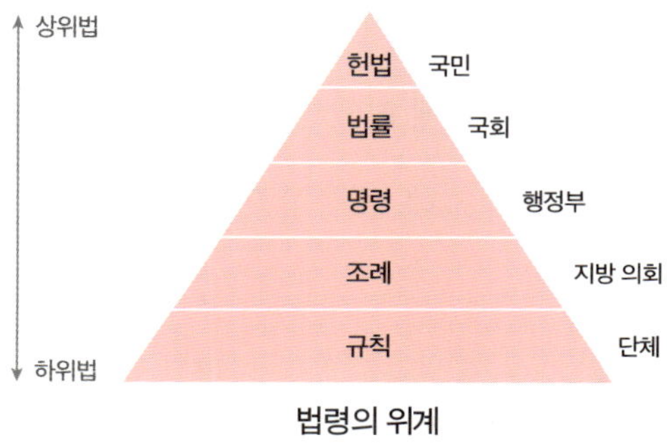

법령의 위계

헌법을 고치려면 국민 투표를 거쳐야 하지. 헌법 아래의 법률은 국회에서 만들고, 그 종류에는 민법, 상법, 형법 등이 있어. 명령은 법률보다 아래에 있는 법으로, 행정부의 대통령이나 국무총리, 여러 행정 각부가 발령해. 또한 조례는 지방 의회에서 만드는 자치단체의 법으로, 해당 지역에만 적용되며, 규칙은 지방자치단체의 장이 자신의 권한 범위 내에서 제정할 수 있는 법이야. 위의 헌법, 법률, 명령, 조례, 규칙을 모두 법 또는 법령이라고 부르고, 헌법에 가까울수록 상위법이고, 규칙에 가까울수록 하위법이야.

법에 이렇게 위아래가 정해져 있는 이유가 뭘까? 그냥 정해진 대로 따르면 되는데, 위계는 언제 활용하려고 정한 걸까? 바로 법령이 서로 충돌할 때 위계가 높은 법을 따르도록 하기 위해서야. 이를 '상위법 우선의 원칙'이라고 해. 예를 들어, 국민의 기본권은 헌법이나 법률에 의해서만 제한할 수 있고, 법률보다 하위에 있는 명령이나 조례, 규칙 등으로는 기본권을 제한할 수 없어.

자, 그럼 이런 경우를 생각해 보자. 어떤 도시가 조례로 '이 도시의 공원에서는 담배를 피워도 된다'라고 정했어. 반면, 국가 법률에서는 '모든 공공장소는 금연 구역이다'라고 규정했어. 이처럼 조례와 법률이 서로 다를 때는 어떻게 해야 할까? 이럴 때는 국가 법률이 상위법이기 때문에 이 도시의 조례는 효력이 없고, 공원에서도 담배를 피우면 안 돼.

법 중에서도 헌법은 가장 높은 위치에 있어. 모든 법은 헌법을 근거로 제정되고, 헌법과 충돌하면 헌법을 따라야 해. 헌법은 우리나라를 올바르게 이끌어 가는 기준이자, 국민의 권리와 자유를 지켜 주는 든든한 보호자야.

어때? 이제 헌법이 왜 '가장 높은 법'인지 이해됐지? 헌법은 단순한 법이 아니라, '우리 모두를 위한 가장 중요한 약속'이야.

헌법은
누구를 위해 만들어졌을까?

헌법은 '우리 모두를 위한 가장 중요한 약속'이라고 했잖아요.

그런데 '우리 모두'란 도대체 누구지요? 우리에는 누가 포함

되고 누가 포함되지 않나요? 우리가 '국민'을 가리킨다면, 헌

법은 국민이라는 개념이 생긴 이후에 만들어졌나요?

대한민국 헌법은 1948년 7월 17일에 만들어졌어. 이날은 우리나라 최초로 헌법이 공포된 날로, 지금도 '제헌절'이라는 이름으로 기념하고 있지. 이때의 헌법은 임시정부의 헌법인 '대한민국 임시헌장'을 기반으로 만들어졌어. 일제강점기 동안 독립운동을 하며 나라를 세우기 위한 준비를 했던 임시정부가 구상한 임시헌장은 해방 후 대한민국 헌법의 뿌리가 되었지.

앞에서도 말했지만 헌법 제1조에는 매우 중요한 내용이 담겨 있어.

제1조 1항 "대한민국은 민주공화국이다."

제1조 2항 "대한민국의 주권은 국민에게 있고, 모든 권력은 국민으로부터 나온다."

이는 대한민국이 왕이나 소수의 특권층이 아닌, 국민이 주인인 나라라는 의미야. 삼국시대, 고려시대, 조선시대까지 우리나라의 역사를 돌아보면 나라의 주인은 항상 왕이었잖아. 하지만 헌법이 제정되면서 처음으로 국민이 나라의 주인이라는 선언이 이루어진 거야. 헌법이 만들어지기 이전에도 '백성'이라는 개념은 있었지만, 백성은 대개 왕이나 양반이 다스리는 피지배 계층으로 여겨졌어. 우리나라에서는 대한제국 시기부터 '국민'이라는 표현이 사용되었고, 특히 임시헌장 제1조 "대한민국은 민주공화제로 한다."와 제2조 "대한민국은 민족의 자유와 평등을 근본으로 한다."에서 '국민'이 주권의 주체로 등장했지. 이후 앞서 설명한 대로 1948년 제헌헌법에서 '국민'이 공식적으로 헌법 용어로 자리 잡았어.

이처럼 헌법은 모든 국민을 위해 만들어졌어. 그건 우리나라뿐 아니라 민주주의 국가라면 다 해당되는 말이야. 우리가 매일 누리는 자유와 권리를 보장하고, 사회를 공정하게 운영하기 위해 헌법이 존재하지.

헌법의 역사는
민주주의의 역사와도 같아

세계 각국의 헌법이 처음부터 지금의 모습을 갖추었던 건 아니야. 부족한 부분, 옳지 못한 부분, 시대에 맞지 않는 부분을 고쳐 가며 오늘에 이르렀지. 그렇다면 세계적으로 헌법이 어떻게 발전해 왔는지, 중요한 몇 가지 역사를 함께 살펴보자.

헌법의 역사에 관한 이야기를 시작하려면, 1215년으로 돌아가야 해. 그때 영국에는 존 왕이 있었는데, 이 왕은 세금을 마음대로 올리고 법도 제멋대로 바꾸면서 사람들을 괴롭혔어. 그러자 귀족과 시민이 "왕이라고 해도 법을 따라야 한다!"라며 반발했지. 결국 존 왕은 국민의 요구를 받아들여 대헌장(마그나 카르타^{Magna Carta})에 서명했어. 이 문서의 이름에서 '마그나'는 '큰'이라는 뜻이고, '카르타'는 '헌장'을 의미해. 그러니까 우리말로 이 문서는 '대헌장'인 것이지. 마그나 카르타는 헌법의 성격을 보여 주는 가장 오래된 문서야. 대헌장은 왕의 권력을 제한하고, 국민도 법에 따라 보호받아야 한다는 내용을 담고 있었어. 비록 지금 우리가 생각하는 헌법처럼 모든 국민의 권리를 보장하지는 못했지만, 이 문서는 '왕도 법 위에 있지 않다'는 원칙을 처음으로 세운 중요한 시작점이야.

이제 1776년의 미국으로 넘어가 보자. 당시 미국은 영국의 식민지였는데, 영국은 미국에 높은 세금을 부과하면서도 미국 사람들의 의견은 전혀 듣지 않았어. 이에 반발한 미국인은 독립

전쟁을 벌여 독립을 쟁취했지. 이후 독립 국가를 운영하기 위한 법이 필요했고, 1787년에 세계 최초의 '성문 헌법'을 작성했어. 성문 헌법이란 그 내용을 문서로 명확히 적어 누구나 볼 수 있게 만든 헌법이야.

미국 헌법에는 "모든 사람은 평등하다."는 민주주의의 기본 원칙이 담겨 있어. 그리고 권력을 대통령, 의회, 법원으로 나누어 서로 견제하도록 했지. 이 구조는 지금도 전 세계 많은 나라의 헌법에 영향을 미치고 있어.

마지막으로 1789년의 프랑스로 가볼게. 당시 프랑스에서는 왕과 귀족만 특권을 누리고, 평범한 시민은 어려운 생활을 해야 했어. 사람들 사이에 점점 불만이 쌓였고, 결국 프랑스 혁명이 일어났어. 혁명을 통해 사람들은 "모든 사람은 평등하다."는 것을 세상에 알리고 싶어 했지. 그 결과로 만들어진 것이 바로 프랑스 헌법이야. 이 헌법에는 자유와 평등, 박애라는 중요한 원칙이 담겨 있어. 모든 사람은 태어날 때부터 자유롭고 평등하며, 국민이 서로 돕고 단결해야 한다는 내용은 오늘날에도 많은 나라의 헌법에 반영되고 있어.

영국에서도, 미국에서도, 프랑스에서도 헌법은 국민의 권리를 지키기 위해 생겨났어. 헌법은 권력자가 아니라 모두를 위한 법이라는 걸 알 수 있지.

그렇다면 만약 헌법이 없다면 어떻게 될까? 상상만 해도 혼란스러울 것 같지 않아? 우선, 국민의 권리를 보호할 법이 없으면 힘이 센 사람이 약한 사람을 괴롭히는 세상이 될 수도 있어. 법이 없다면 "이건 내 물건이야!"라고 아무리 말해도 누군가 빼앗아 갈 수 있고, 이를 막아 줄 사람이 없겠지. 또, 국가가 마음대로 국민의 자유를 침해할 수도 있을 거야. 예를 들어, "오늘부터 모두 집 밖에 나가지 마!"라는 명령을 내려도 그걸 막을 기준이 없다면 국민은 그저 따를 수밖에 없어.

헌법이 왜 국민을 지켜 주는 든든한 울타리인지 알겠지?

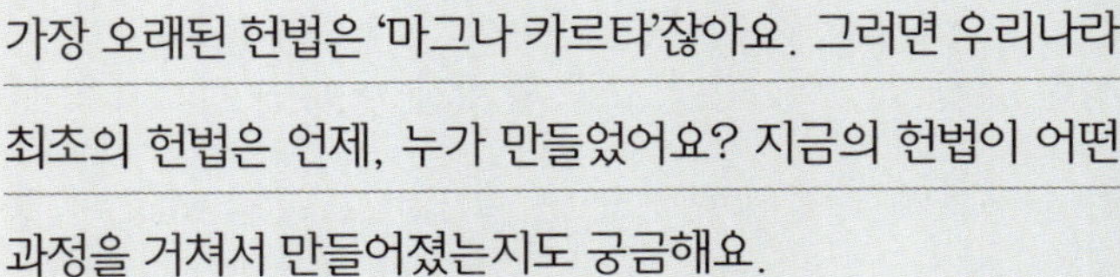

가장 오래된 헌법은 '마그나 카르타'잖아요. 그러면 우리나라

최초의 헌법은 언제, 누가 만들었어요? 지금의 헌법이 어떤

과정을 거쳐서 만들어졌는지도 궁금해요.

그렇지. 과거를 알면 미래를 알 수 있다잖아? 우리 헌법의 역사를 알면 우리가 앞으로 어떤 방향으로 나아갈지 내다볼 수 있는 혜안이 생겨. 대한민국 헌법이 만들어지기까지는 역사적 사건과 변화가 많았어. 지금부터 대한민국 헌법이 탄생하고 발전해 온 여정에 대해 이야기해 줄게.

조선시대 말기, 외세의 침략이 잦고 내부 개혁의 요구가 거세지던 때가 있었어. 이에 고종 황제가 1894년 갑오개혁 당시 나라를 새롭게 만들기 위해 만든 법이 바로 '홍범 14조'야. 홍범 14조는 "백성이 나라의 중심"이라는 생각을 바탕으로 제정됐어. 모든 국민이 법 앞에서 평등하다는 개념이 등장했고, 조세 제도가 정비되었으며, 나라를 더 효율적으로 운영하기 위한 내용도 담겼지. 비록 오늘날의 헌법과는 다르지만, 홍범 14조는 우리나라 근대 헌법의 시작이라고 볼 수 있어.

그 후 상하이에 수립된 임시정부의 첫 헌법인 대한민국 임시헌장이 1919년에 제정되었지. 임시헌장은 독립운동 과정에서 제정된 최초의 헌법 문서로, 민주공화제와 국민 평등을 기본 내용으로 하여 근대 국가로서의 대한민국 정체성을 처음으로 규정했어. 그리고 이후 1944년까지 임시정부 운영상의 필요와 독립운동 환경 변화에 대응해서 정부 조직과 권한 배분을 중심으로 총 다섯 차례 개정되었어. 대통령제 강화, 독립운동 세력의 통합과 조직 강화, 임시정부의 권한 확대 등이 개정의 내용이었지.

시간이 흘러, 1945년 해방을 맞이한 우리나라는 새로운 나라를 세워야 했어. 하지만 당시 한반도는 미국과 소련의 영향 아래 남과 북으로 나뉘어 있었지. 결국 1948년 5월 10일, 남한에서 총선거로 국회의원을 뽑았고, 이들이 모여 대한민국 헌법을 만들었어. 1948년 7월 17일, 마침내 대한민국 최초의 제헌헌법이 공포되었지. 앞서 말했던 제헌절은 바로 이날을 기념하는 거야.

이 헌법에는 민주공화국의 원칙, 국민의 기본권 보장, 나라를 운영하는 권력을 입법, 행정, 사법으로 나누는 삼권분립 등의 내용이 담겨 있었어. 하지만 처음부터 완벽한 것은 있을 수 없지. 또 그때는 적절했다고 해도 세월이 흐르며 달라지는 상황에 맞춰 내용을 수정할 필요도 있어. 제헌헌법도 시대 변화에 맞춰 여러 번 바뀌었지. 이렇게 헌법을 고치는 것을 헌법 개정, 또는 줄여서 개헌이라고 해.

제헌헌법은 정치적 상황과 국민의 요구에 따라 총 아홉 번 개정됐어

제헌헌법은 1952년에 처음으로 개정되었어. 당시 대통령이 국회에서 선출되던 방식을 국민이 직접 뽑는 방식으로 바꿨는데, 이는 이승만 대통령의 재선을 쉽게 하기 위해 추진된 변화였어. 2년 뒤인 1954년에는 초대 대통령의 중임 제한을 철폐하는 2차 개헌이 이루어졌지. 한 번만 연임할 수 있다는 규정을 없애기 위해 이승만 정부가 강제로 헌법을 바꾼 사건이야. 한마디로 종신 집권을 하겠다는 욕심을 대놓고 드러낸 거지. 당시 개정안이 통과되려면 국회 재적의원 3분의 2 이상, 즉 135.33명의 찬성이 필요했어. 하지만 실제로 나온 찬성표는 135표로 이에 미달했기 때문에 원칙적으로 개정안은 부결되어야 했지. 그런데 자유당은 "소수점 이하는 사사오입 원칙에 따라 반올림한다."며 필요한 최소 찬성 수를 135명으로 낮춰 해석했고, 억지로 개정을 통과시켰어. 그래서 이 2차 개헌을 '사사오입 개헌'이라고 부르는 거야.

1960년에는 헌법이 두 번 바뀌었어. 먼저, 1960년 3월 15일 부정선거로 국민의 큰 반발이 일어나 이승만 대통령이 물러났지. 이후 민주당이 정권을 잡았고, 국회의원이 중심이 되어 나라를 운영하는 '내각책임제'로 헌법을 고쳐서 대통령의 권한을 축소했어(3차 개헌). 같은 해 또 한 번의 개헌(4차 개헌)이 있었는데, '3·15 부정선거 관련자들을 처벌하기 위한 헌법 개정'으로, 부정선거 책임자를 법적으로 처벌할 근거를 마련했어. 그런데 이 평화적인 변화는 오래가지 못했어. 1961년 5·16 군사 쿠데타로 박정희가 정권을 장악하면서 군사정권을 합리화하기 위해 1962년에 5차 개헌을 했지. 다시 대통령 중심제로 돌아간 거야.

6차 개헌은 1969년에 이뤄졌는데, 가장 큰 변화는 대통령의 3선 연임을 허용한 거야. 박정희가 계속 집권하려는 목적으로 추진했지만, 민주주의 원칙을 훼손했다는 비판을 받았지. 7차 개헌은 1972년에 이뤄졌고, '유신헌법'이라고도 불려. 대통령의 권한이 매우 강해져서 국회를 해산하거나 긴급조치를 내릴 수 있게 됐어. 이 개헌은 민주주의를 크게 후퇴시켰다는 비판을 받았지.

8차 개헌은 1980년, 전두환 정부 시기에 이루어졌어. 대통령 임기를 7년 단임제로 바꾸고, 국회에서 대통령을 뽑는 간선제를 유지했지. 하지만 국민의 기본권이 일부 제한되며 민주주의가 제대로 실현되지 못했다는 비판을 받았어.

지금 우리가 사용하는 헌법은 1987년에 개정된 9차 헌법이야. 1987년 6월 민주항쟁으로 국민이 군사정권에 맞서 싸워 큰 변화를 이뤄냈지. 이 개헌으로 독재가 반복되지 않도록 대통령을 국민이 직접 뽑는 직선제를 도입했고, 임기를 5년 단임제로 정했어.

이처럼 대한민국 헌법은 역사적 사건과 국민의 요구를 바탕으로 발전해 왔어. 독재자가 등장해 민주주의와 인권이 후퇴한 적도 있지만, 헌법 변화에는 민주주의를 지키려는 노력이 담겨 있고, 그 과정에서 많은 사람의 희생과 노고가 있었지. 헌법 개정의 역사에는 민주주의의 역사가 고스란히 녹아 있어. 헌법이 바뀌고 만들어지는 과정에서 가장 중요한 역할을 하는 사람이 바로 우리 국민이라는 걸 잊지 말자고!

5

헌법은
어떻게 구성되어 있을까?

대한민국 헌법을 직접 보고 싶어서 한번 찾아봤어요. 그런데 처음에 '전문'이라는 부분이 나오더라고요. 여기서부터 헌법이 시작되는 걸까요? 법이라고 하면 보통 1조, 2조처럼 번호가 붙어 있을 것 같은데, 전문은 그런 게 없어서 좀 헷갈렸어요. 그런데 전문도 헌법의 일부라고 하더라고요. 전문이 끝나면 '본문'이 나온다는데, 본문에는 어떤 내용이 담겨 있는지도 궁금해요!

대한민국 헌법을 찾아봤구나! 헌법을 보면 맨 처음에 '전문前文'이라는 부분이 나와. 질문처럼 '여기서부터 헌법이 시작되는 건가?', '법이라면 1조, 2조 이렇게 번호가 붙어 있어야 하는 거 아닌가?' 하고 의문이 들 수도 있어. 정확하게 대답해 줄게. 이 '전문'도 헌법의 일부야.

우리 헌법은 '전문'과 130개 조항으로 구성된 '본문' 그리고 '부칙'으로 이루어져 있어. 책을 읽다 보면 앞부분에 '서문'이 나오잖아? 어떤 생각으로 이 책을 썼고, 어떤 내용을 담았다고 소개하는 부분 말이야. 헌법 전문은 책의 서문과 비슷한 역할을 해. 헌법 전문은 이렇게 시작돼. "유구한 역사와 전통에 빛나는 우리 대한국민은……." 다시 말해, 헌법 전문은 단순한 서문의 의미를 넘어 대한민국이라는 국가의 뿌리와 정체성을 알리는 선언이야. 그래서 헌법의 존재 이유와 가치를 잘 보여 주지. 다른 법이 주로 구체적인 규범이나 절차를 다룬다면, 헌법은 국가의 이념과 목표를 제시한다는 점에서 특별해.

그 뒤에는 본문이 이어지는데 본문은 열 개의 '장'과 130개의 '조항'으로 구성되어 있어. 본문에는 우리가 누릴 수 있는 자유와 권리 그리고 국가가 해야 할 일이 자세히 적혀 있지. 그럼 본문 내용을 조금 더 알아보자.

1장은 '총강'이라고 불러. '총강'이란 말이 좀 어렵게 들리지? 쉽게 말하자면 '전체 줄거리 요약과 핵심'으로, 헌법의 가장 기본적인 원칙이야. 총강에는 대한민국이 어떤 나라고, 어떤 방향으로 나아갈 것인지에 대한 기본 틀이 정리되어 있어. 2장은 국민의 권리와 의무에 대해 다뤄. 조항 대부분이 인간이라면 꼭 누려야 할 기본적인 권리, 즉 기본권에 초점을 두고 있지. 2장을 끝까지 읽으면, 우리가 누릴 수 있는 권리가 이렇게 많다는 걸 깨닫게 될 거야.

3장은 법을 만드는 입법권을 가진 국회에 대한 내용이야. 4장은 나라를 실제로 운영하는 정부에 관한 내용인데, 대통령과 행정부로 나눠 설명하고 있지. 5장은 법을 해석하고 다툼을 해결하는 법원에 대해 다뤄. 6장에는 법률이 헌법 질서에 맞는지 심판하는 헌법재판소에 대해 적혀 있어.

7장은 공정한 선거에 대해 이야기해. 우리나라에는 대통령,

국회의원, 지방자치단체장 등 국민이 직접 뽑는 중요한 직책이 많잖아. 선거가 공정하게 이루어지지 않으면 국민의 뜻이 왜곡될 수 있겠지? 그래서 헌법에는 선거를 관리하는 선거관리위원회를 두고 있다는 내용이 담겨 있어. 8장은 지방자치에 대해 다뤄. 지방자치는 주민이 직접 참여해서 지역사회를 발전시키는 중요한 제도야.

9장은 '경제'에 대해 다루는데, 대한민국 경제가 자유롭고 공정하게 운영되어야 한다고 강조해. 또 국가가 지나치게 경제에 개입하지 않도록 제한하는 원칙도 포함되어 있지. 마지막 10장은 헌법 개정에 대해 설명해. 헌법은 국가의 나아갈 방향을 알려 주는 나침반 같다고 했지? 그런데 그 방향을 자꾸 바꾼다면 국가는 갈피를 못 잡고 혼란스러워질 거야. 그래서 헌법을 바꾸려면 엄격한 절차를 거쳐야 하지. 10장에는 그 절차에 대한 설명도 담겨 있어.

헌법 맨 끝에는 특별한 내용이 붙어 있는데 그걸 '부칙'이라고 해. 부칙은 헌법이 언제부터 시행되는지, 기존의 법률이나 제도와 어떻게 조화를 이루는지 등을 정리한 내용이야. 즉, 헌법이 실제로 적용되기 위한 준비사항들을 담고 있는 거지.

헌법은
모든 나라가 똑같을까?

나라별로 문화, 역사, 정치 체제가 다르잖아요. 그렇다면 나라마다 헌법도 다른가요? 우리나라 헌법이 다른 나라 헌법과 어떤 점이 비슷하고 어떤 점이 다른지 알고 싶어요.

모든 나라의 헌법이 똑같은 것은 아니야. 물론 헌법에는 국민의 권리, 정부의 역할 등 나라의 중요한 원칙이 담겨 있어. 예를 들어, 국민이 자유롭게 말할 수 있는 권리, 차별받지 않을 권리 등이 헌법에 나와 있지.

하지만 나라의 역사와 문화, 정치적인 상황에 따라 헌법의 내용은 달라질 수 있어. 그렇다면 일본, 미국, 영국, 프랑스 그리고 우리나라의 헌법이 어떻게 다르고, 또 어떻게 비슷한지 알아볼게.

헌법은 각 나라의 역사와 배경을 반영해. 특히 전쟁이나 혁명 같은 큰 사건은 헌법에 지대한 영향을 주지. 각 나라의 헌법이 어떻게 만들어졌는지 살펴보면 흥미로운 점이 많아.

일본의 헌법은 '평화헌법'으로 불려. 제2차 세계대전에서 패배한 후, 일본은 전쟁을 하지 않겠다는 내용을 헌법에 담았어. 일본 헌법 제9조를 보면 군대를 두지 않는다고 나와 있지. 이는 다른 나라 헌법에서는 찾아보기 어려운 독특한 조항이야.

미국 헌법은 세계에서 가장 오래된 성문 헌법이야. 독립전쟁 이후 1787년에 만들어졌지. 미국 헌법은 간결한 본문으로 구성되어 있으며, 필요에 따라 수정헌법을 추가하며 시대 변화에 대응해 왔어. 예를 들어, 수정헌법 제1조는 표현의 자유를 보장하고, 제2조는 무기를 소지할 권리를 인정해.

영국은 독특하게도 헌법 문서가 없어. 대신 오랜 전통, 판례 그리고 의회에서 만든 법들이 헌법처럼 작동해. 이를 '불문헌법'이라고 불러.

프랑스는 혁명을 통해 자유와 평등, 박애라는 가치를 헌법에 담았어. 특히 공립학교에서는 종교 교육을 금지하는데, 이는 종교와 국가를 철저히 분리하려는 의지를 보여 줘.

우리나라 헌법은 민주주의와 국민의 기본권을 핵심 가치로 삼고 있어. 헌법 전문에는 독립운동의 정신을 담았고, 국민 주권 원리를 명확히 천명하고 있지.

각 나라의 헌법은 다르지만, 공통점도 있어. 대부분의 헌법은 국민의 권리와 정부의 역할을 정한다는 점에서 비슷해. 그리고 국민의 기본적인 권리를 보호하는 역할을 하지. 또 헌법은 정부가 해야 할 일과 하지 말아야 할 일을 정해. 이를 통해 정부가 권력을 남용하지 못하게 막지. 그리고 다른 법들이 헌법을 위반할 수 없도록 하고, 헌법에 어긋나는 행동은 허용되지 않아.

헌법은 나라마다 다르지만, 결국 국민의 행복과 권리를 보호하고 더 나은 사회를 만들려는 목표는 같아. 그렇기에 우리가 헌법을 배우고 이해하는 것은 우리 자신과 이웃의 권리를 지키는 데 큰 도움이 되지.

여러 나라의 헌법을 비교해 보니, 각 나라의 역사가 헌법에 고스란히 담겨 있다는 것을 알게 됐지? 헌법은 단순한 법이 아니라 나라의 정체성과 국민의 가치를 담은 소중한 약속이야.

2장

헌법에 기본적 인권을 정해 놨다고?

1. 헌법에서 기본권을 정해 놓은 이유는 무엇일까?

2. 기본권 중의 기본권은 무엇일까?

3. 차별을 막아 주는 권리는 무엇일까?

4. 우리는 어떤 자유를 누릴 수 있을까?

5. 참정권은 어떤 권리일까?

6. 청구권은 어떤 권리일까?

7. 사회권은 어떤 권리일까?

8. 기본권도 제한될 수 있을까?

9. 헌법으로 정해 놓은 국민의 의무는 무엇일까?

헌법에서 기본권을
정해 놓은 이유는 무엇일까?

헌법이 나라의 가장 중요한 법이라는 건 알겠어요. 그런데 헌법에 왜 '기본권'을 따로 정해 놓은 거예요? 기본권이라는 건, 사람이라면 당연히 누려야 할 권리 아닌가요? 예를 들어, 차별받지 않을 권리나 깨끗한 물을 마시고 안전하게 살 권리 같은 거요. 그런 권리는 누구에게나 주어지는 건데, 안 지켜질 수도 있나요? 그럴 땐 어떻게 내 권리를 지킬 수 있는 거예요?

우리가 자주 보는 영화나 드라마 속에는 인간의 기본적인 권리가 얼마나 중요한지를 보여 주는 장면이 많이 나와. 예를 들면, 영화 〈헝거게임〉(2012)에서는 가난한 사람들이 억압적인 권력 아래에서 살아가고, 매년 열리는 잔인한 생존 게임에 강제로 참가해야 하지. 주인공 캣니스는 여동생 대신 게임에 참가하는데, 억울함과 부당함에 맞서 싸우면서 사람답게 살 권리, 즉 기본적인 권리를 되찾으려 해. 이를 통해 이 영화는 우리에게 이렇게 묻지.

"사람은 왜 기본적인 권리를 가져야 할까?"

사실, 우리가 사는 세상에서는 이런 기본적인 권리가 단순히 개인의 선택이나 행운에 의해서가 아니라, 헌법이라는 법으로 보호되고 있어. 그렇다면 왜 헌법에서 기본권을 정해 놓았을까? 이제부터 그 이유를 알아볼게.

기본권은 사람이 사람답게 살아가기 위해 꼭 필요한 권리라고 할 수 있어. '인권'과 그 뜻이 비슷하지만 조금 차이가 있어.

인권은 인간이라면 태어날 때부터 자연스럽게 갖는 보편적인
권리야. 생명권, 자유, 평등 같은 것이 인권에 속하고 국적이나
법에 상관없이 모든 사람에게 적용되지. 국제적으로는 유엔의
세계인권선언 같은 문서에서 다루어져.

한편 기본권은 국민으로서 헌법에 의해 보장받는 구체적인
권리야. 예를 들어, 우리 헌법에는 자유롭게 자신의 생각을 말
할 수 있는 권리, 인간다운 생활을 하기 위해 국가에 사회적 보
장책을 요구할 수 있는 권리 등이 보장되어 있어. 이런 기본권
은 우리가 살아가는 매일의 일상 속에 자연스럽게 녹아 있어.
그래서 기본권은 우리가 평범하고 행복하게 살아가는 데 꼭 필
요한, 정말 소중한 권리야.

기본권은 '천부인권' 개념에 바탕을 두고 있어. 천부인권이
란 인간이 태어날 때부터 하늘로부터 부여받은 권리라는 의미
야. 이러한 권리는 태어날 때부터 주어진다고 하지만, 1장에서
살펴본 것처럼 역사적으로 보면 기본권을 모든 사람이 당연하
게 누리지는 못했어. 양반이나 귀족 같은 특정 계층이나 왕이나
독재자 같은 일부 사람만이 이러한 권리를 누리던 시대도 있었
으니 말이야. 그래서 모든 사람이 공평하게 기본권을 보장받을

수 있도록 헌법에 명시한 거야. 결론적으로, 천부인권의 철학적 개념을 헌법이라는 실정법으로 정해 놓음으로써 권리를 법적으로 보장하고 실질적으로 보호받을 수 있도록 한 거지.

천부인권 개념은 프랑스 혁명과 미국 독립 선언 등 근대 민주주의 형성 과정에서 중요한 역할을 했어. 프랑스 혁명 당시 만들어진 '인간과 시민의 권리 선언'은 기본권이 누구나 평등하게 가져야 하는 권리임을 강조했어. 이 선언은 전 세계 민주주의 국가에 큰 영향을 미쳤고, 오늘날 헌법에서 기본권이 중요한 가치를 지니는 근거가 되었지.

기본권에는 여러 가지 종류가 있어. 헌법이 보장하는 기본권은 인간의 존엄과 가치, 행복을 추구할 권리, 평등권, 자유권, 참정권, 청구권 그리고 사회권이야. 이 기본권은 헌법 제2장 '국민의 권리와 의무'에서 다루고 있어.

SNS에 내 생각이나 의견을 자유롭게 쓸 수 있고(자유권), 학교에서 성별, 인종, 장애 때문에 차별받아서는 안 되고(평등권), 모든 아이가 학교에 다니면서 공부할 수 있는 것도(사회권) 전부 기본권 덕분이지.

이처럼 헌법이 보장하는 기본권은 우리 일상에서 매우 중요한 역할을 해. 그런데 만약 이러한 권리가 없다면 우리 삶은 어떻게 될까?

기본권이 보장되지 않는 세상은 생각보다 더 어두울 수 있어. 독재 정권이나 전쟁 중인 나라에서는 국민이 자유롭게 말할 수도, 자신이 원하는 삶을 선택할 수도 없어. 독일의 나치 정권은 특정 인종과 종교를 이유로 수많은 사람의 생명과 권리를 빼앗았잖아. 이처럼 기본권이 보장되지 않으면 개인의 삶은 물론이고 사회 전체가 불행해질 수 있어.

반대로, 기본권이 제대로 보장될 때는 사회가 더 평화롭고 공정해져. 모두가 동등하게 자신의 권리를 주장할 수 있을 때, 사회는 더불어 행복한 곳이 되는 거야.

기본권 중의
기본권은 무엇일까?

인간의 존엄과 가치, 행복추구권 등이 '기본권'이라고 배웠어

요. 무슨 의미인지를 대충 알 것도 같지만 여전히 알쏭달쏭

해요. 특히 인간의 존엄과 가치란 구체적으로 무엇을 뜻하나

요? 또 우리에게 어떻게 적용되나요?

대한민국 헌법 제2장은 국민의 권리와 의무에 대해 다루고 있어. 여기에 인간이라면 당연히 누려야 할 기본적인 권리, 즉 기본권에 관한 내용이 담겨 있지. 2장을 다 읽어 보면, '우리가 가진 권리가 이렇게 많았나?'라고 놀라게 될 거야.

2장의 첫 번째 조항인 제10조에는 "모든 국민은 인간으로서의 존엄과 가치를 가지며, 행복을 추구할 권리를 가진다. 국가는 개인이 가진 불가침의 기본적 인권을 확인하고 이를 보장할 의무를 진다."라고 쓰여 있어. 이 문장을 읽으면 가슴이 뭉클해질 거야. 대한민국 국민으로 태어나는 것만으로도 존엄성과 행복추구권이 주어진다는 사실이 정말 근사하지 않아? 즉 인간 존엄성은 헌법 전체를 관통하는 최고의 가치이고, 모든 기본권의 출발점인 거야. 게다가 국가가 개인의 기본권을 인정하는 것을 넘어 적극적으로 지켜 주겠다고 약속한 거니까, 정말 중요한 내용이야.

그런데 이 조항을 좀 더 깊게 생각해 볼 필요가 있어. '행복추구권'은 인간답게 살고, 자신이 원하는 행복을 찾을 권리야. 사실 행복을 추구할 권리는 너무나 당연해 보여서 법으로 굳이 정할 필요가 없다고 생각할 수도 있어. 하지만 역사를 되돌아보면, 예전에는 이렇게 당연한 권리가 보장되지 않던 시절도 있었어. 과거 신분제 사회에서는 태어난 신분에 따라 삶이 정해졌기 때문에, 신분이 낮은 집안에서 태어났다는 이유만으로 평생 하고 싶은 일을 할 수 없었고, 꿈을 꿀 자유조차 누릴 수 없었어. 자신이 원하는 삶을 선택할 수 없었던 시대에는 지금 우리가 당연하게 여기는 '행복을 추구할 권리'도 제대로 보장되지 않았던 거지. 특히 행복추구권은 근대에 개인주의와 자유주의라는 사상이 중요해지면서 더 확실히 인정을 받게 되었어. 오늘날 이 권리가 법으로 보장된 것도 그 덕분이지.

행복추구권은 우리가 행복하게 살아가는 데 필요한 여러 가지 권리를 포함하고 있어. 구체적으로는 평화롭게 살 수 있는 권리인 평화적 생존권, 쉴 수 있는 권리인 휴식권과 수면권, 다른 사람에게 해를 입지 않도록 보호받을 권리인 신체의 자유와 안전에 관한 권리 그리고 햇볕을 쬐면서 건강하게 살 수 있는 일조권 등이 포함되어 있어.

그렇다면 한 사람이 자신의 행복을 추구한다는 이유로 다른 사람들의 행복을 빼앗으려 한다면 어떻게 될까? 예를 들어, 어떤 정치인이 자기만을 위한 법을 만들어서 다른 사람들을 불행하게 만든다면? 그건 정말 문제가 되겠지.

행복추구권은 무조건적인 권리가 아니야. 다른 사람의 권리와 균형을 이루어야 하지. 개인이 행복을 추구하는 과정에서 타인에게 피해를 주거나 사회의 질서를 어지럽히면, 국가나 사회는 이를 제한할 수 있어. 행복추구권이란 개인의 자유를 무한히 보장하는 권리가 아니라, 사회의 안정과 공공의 이익과의 조화를 고려하는 권리라는 뜻이야. 사람마다 행복을 추구할 권리가 있지만, 그렇다고 다른 사람들에게 해를 끼쳐서는 안 돼.

결국, 인간의 존엄성과 가치 그리고 행복추구권은 헌법 속에만 존재하는 말이 아니야. 우리가 살아가며 매일 실천해야 하는 중요한 가치지. 모든 사람의 권리를 보장하고 서로 존중하며 살자는 '사회적인' 약속인 거야. 이런 가치를 이해하고 서로 존중하면서 살아간다면, 더 나은 사회를 만들 수 있을 거야.

차별을 막아 주는
권리는 무엇일까?

사회 시간에 평등에 대해 배우면서 '같은 것은 같게, 다른 것은 다르게'라는 말을 들었어요. 모두를 똑같이 대하는 게 평등 아닌가요? 왜 다르게 대하는 것도 평등인 건가요? 헌법에서 정의하는 평등이란 무엇이고, 그것이 일상에서 어떻게 실현되는지 알고 싶어요.

인간은 다른 사람들과 함께 살아가는 존재야. 그래서 인간을 '사회적 동물'이라고 하지. 사람은 혼자서는 살 수가 없어. 여럿이 어울리고 협력해야 생활을 유지할 수 있지. 때로 갈등하고 화해도 하면서 말이야. 그러다 보면 자연스레 다른 사람과 자신을 비교하게 돼. 특히 경쟁하고 갈등하는 상황에서는 '지금 이게 평등한가?'라는 의문이 들 때도 많아. 학교에서 친구들과 함께 생활하다 보면, 나도 모르게 옆자리 친구와 성적, 가정 형편, 용돈 같은 것을 비교하게 되잖아. 그리고 이런 의문이 불쑥 튀어나오기도 해.

'유명 학원에 다니는 친구들은 더 쉽게 시험에서 좋은 점수를 받는데, 집안 사정 때문에 학원을 못 다니는 친구들은 아무리 공부해도 그보다 좋은 점수를 못 받아. 이건 불공평한 거 아닌가?'

여기서 한 발 더 나아가서 '나는 왜 남들과 다른 대우를 받지?' 또는 '왜 내가 다른 사람과 똑같은 대우를 받아야 하지?' 하고 의문이 들 수도 있어. 사실 자라면서 누구나 한 번쯤은 이런 고민의 순간을 거치게 돼. 그리고 이런 문제를 다루는 헌법 속 기본권이 바로 평등권이야. 우리 헌법 제11조 제1항은 이렇게 말해. "모든 국민은 법 앞에 평등하다. 누구든지 성별·종교 또는 사회적 신분에 의해 정치적·경제적·사회적·문화적 생활의 모든 영역에 있어서 차별을 받지 아니한다." 이 말의 핵심은 누구나 법 앞에서는 공평하게 대우받아야 한다는 거야. 법이 모든 사람을 똑같이 다루겠다는 약속인 셈이지.

하지만 여기서 중요한 점이 있어. **헌법의 평등이 무조건 똑같이 대우하라는 뜻은 아니라는 거야.**

헌법은 절대적 평등이 아니라, 상대적 평등을 보장해

무슨 말이냐면, 합리적인 이유가 있다면 차이를 둘 수 있다는 거야. 이걸 '합리적 차별'이라고 불러.

직장에서는 여성이나 어린 근로자를 더 보호하기 위해 특별한 정책을 만드는 경우가 있어. 또, 지하철역에는 장애인이 편하게 이용할 수 있도록 면적이 더 넓은 화장실을 따로 설치해. 주차장에도 장애인을 위한 우선 주차구역이 있잖아. 이런 건 누군가에게는 불공평하게 보일 수도 있지만, 사실은 모두가 평등하게 권리를 누릴 수 있도록 돕는 장치야. 누구나 행복추구권을 침해당하지 않도록 해주니까 말이지.

생각을 조금 더 깊게 해볼까? 별도의 법으로 보호하는 여성이나 어린 근로자는 우리의 부모, 형제나 자녀일 수도 있어. 그 사람들을 적극적으로 보호한다는 건 크게 보면 우리를 돕는 일이나 마찬가지지. 장애인을 위한 넓은 화장실도 누구나 장애인이 될 수 있다는 것을 생각하면 오히려 평등한 대처라고 말할 수 있지 않을까? 결국 평등권을 더 잘 지키기 위해 이런 합리적 차별이 필요하다는 뜻이야.

여기서 또 하나 짚고 넘어갈 게 있어. 헌법은 성별, 종교, 사회적 신분을 예로 들면서 차별을 금지한다고 말하고 있지만, 이게 전부는 아니야. 그 외에도 합리적이지 않은 차별은 모두 금지돼.

예를 들어, 2023년에 법원은 동성 커플에게도 건강보험 혜택을 줘야 한다고 판결했어. 동성 커플이 결혼식을 했는데, 건강보험공단이 혜택을 주지 않았거든. 법원은 "동성 커플을 다

르게 대우하는 건 차별"이라고 말했어. 또 나이를 기준으로 차별해서도 안 돼. 2008년에는 '연령차별금지법'이 만들어졌는데, 이 법은 회사가 나이만 보고 사람을 뽑거나 해고하는 걸 막기 위한 거야. 이처럼 헌법에 직접 쓰여 있지 않더라도, 합리적인 이유 없이 사람을 차별하는 건 모두 금지된다는 거지.

또 헌법의 평등은 그저 똑같은 기회를 주는 것으로 끝나지 않아. 이건 '형식적 평등'일 뿐이지. 형식적 평등이란, 모든 사람에게 기회를 똑같이 열어 주는 걸 말해. 예를 들어, 모든 고등학생에게 대학에 갈 수 있는 길을 주는 것이 형식적 평등에 해당해. 하지만 여기에는 문제가 있어. 만약 어떤 학생이 가정 형편이 어려워 학비를 낼 수 없다면, 대학에 갈 수 있는 기회는 사실상 쓸모가 없어지지. 그래서 헌법은 '실질적 평등'도 중요하다고 말해. 실질적 평등은 개인의 조건과 한계까지 고려해 진정으

 시각장애 학생에게 점자 교과서를 제공하거나 시험 시간을 연장해 주는 것이 그 예야. 언뜻 생각하면 모두에게 같은 시험을 치르게 하는 게 공평해 보이지만, 그 학생에게는 다른 방식의 도움이 필요해. 그렇게 해야 진짜로 '평등한 출발선'이 만들어지거든.

결국 헌법이 말하는 평등은 '모두를 똑같이'가 아니라 '공정하게' 대우하자는 뜻이야. 이 차이를 이해하는 게 정말 중요해!

> ### 우리는 어떤 자유를
> ### 누릴 수 있을까?

오늘날 우리에게 자유는 너무나도 당연한데요. 옛날에는 통금이 있어서 밤 늦게 돌아다니면 안 됐고, 나라에 대해 부정적인 이야기를 해도 잡혀갔다고 하더라고요. 자유권이란 내가 하고 싶은 대로 마음대로 할 수 있다는 뜻 아닌가요?

좋은 질문이야! 자유권에 대해 쉽고 재미있게 설명해 줄게. 자유권은 내가 하고 싶은 걸 내 선택에 따라 결정하며 살 수 있도록, 국가가 함부로 간섭하지 못하게 막아 주는 권리야.

자유권은 역사적으로도 정말 중요한 의미가 있어. 과거에는 왕이 모든 걸 마음대로 하던 시대가 있었지. 사람들이 그에 맞서 싸우면서 가장 먼저 얻은 권리가 바로 자유권이야.

우리나라에서는 1948년 제헌헌법 제정으로 자유권의 기본적 틀이 마련되었어. 하지만 초기에는 국가 안보와 권위주의적인 체제, 이를테면 국가안보법이나 유신체제 때문에 자유권이 많이 제한되었지. 유신체제 시절에는 대통령에 대한 비판은 일절 금기되었고, 시위나 집회를 열면 강제로 해산되거나 구속되었어. 그러다 1987년 6월 항쟁 이후 제9차 개정 헌법(현행 헌법)에서 자유권이 보다 명확히 규정되면서 민주주의의 핵심 원칙으로 자리를 잡았지.

자유권은
크게 세 가지 부문으로 나뉘어

바로 신체의 자유권, 정신적 자유권, 사회·경제적 자유권이야.

먼저 신체의 자유권은 다른 사람이나 국가가 내 몸을 함부로 다치게 하거나 위협하지 않도록 보호해 주는 권리야. 고문을 금지하거나, 묵비권처럼 말하지 않을 권리, 영장 없이 체포나 수색할 수 없도록 하는 제도가 여기에 해당해.

또한 개인의 신체를 부당한 처벌로부터 지키기 위해 연좌제도 금지해. 연좌제 금지란 가족 중 누군가 잘못을 저지르더라도 그로 인해 다른 가족이 처벌받지 않도록 하는 제도야. 조선시대에는 연좌제가 실제로 있었어. 『경국대전』에는 나라를 배신한 죄, 즉 반역죄를 저지른 사람의 가족이나 친척까지 함께 처벌하는 규정이 있었지. 아무 죄도 없는 가족이 처형되거나 유배되는 것은 지금 생각하면 정말 부당한 일이야. 그래서 오늘날에는 헌법이 이를 명확히 금지하며, 누구도 자신의 행위가 아닌 타인의 잘못으로 인해 불이익을 받지 않도록 보장하고 있어.

정신적 자유권은 자유롭게 생각하고 표현할 권리를 말해. 언론·출판의 자유, 집회·결사의 자유, 양심의 자유, 종교의 자유 등이 여기에 포함돼. 그리고 학문과 예술의 자유도 있어서 연구하거나 그림을 그리고 노래를 만드는 활동도 자유롭게 할 수 있어.

사회·경제적 자유권은 우리 생활 속에서 자주 만나는 자유야. 직업 선택의 자유가 대표적인 예지. 이는 내가 장래에 무슨 일을 하고 싶은지 스스로 결정할 수 있다는 뜻이야. 그 외에도 사생활의 자유, 거주·이전의 자유, 주거의 자유, 통신의 자유, 재산권 등이 여기 속해. 사생활의 자유는 누가 내 방이나 핸드폰을 몰래 들여다보지 못하게 보호해 주고, 거주·이전의 자유는 어디에 살고, 어디로 이사 갈지를 내가 정할 수 있다는 뜻이야. 주거의 자유는 내가 사는 집이 침범당하지 않도록 보장하고, 통신의 자유는 다른 사람이 문자나 메신저 내용을 몰래 들여다보지 않도록 보호해 줘. 마지막으로 재산권은 내가 가진 물건이나 돈을 어떻게 쓸지 내 마음대로 정할 수 있는 권리야.

지금까지 자유권의 종류를 알아봤는데, 왜 자유권이 중요할까? 자유권이 없으면 내 몸도, 내 생각도, 내 재산도 안전하지 않을 거야. 자유권은 단순히 '내 마음대로 할 수 있는 권리'가 아니라, 인간으로서 존중받으며 살 수 있는 기본권이야. 이 권리를 잘 누리려면 다른 사람의 권리도 존중해야 한다는 걸 잊으면 안 돼. 자유와 책임은 항상 함께하거든.

참정권은
어떤 권리일까?

요즘 학교에서 모의선거나 청소년 참여 활동 같은 걸 하다 보면, '우리도 뭔가 사회에 목소리를 낼 수 있지 않을까?' 하는 생각이 들어요. 아직 투표권은 없지만, 의견을 낼 기회가 조금씩 늘어나는 것 같기도 하고요. 청소년이 제안한 아이디어가 실제로 정책에 반영됐다는 이야기를 들으면, '나도 뭔가 바꾸는 데 참여할 수 있을까?' 하는 기대도 생겨요.

국민은 어떻게 사회에 참여하고 있나요? 그리고 국민이 나라 일을 함께 결정할 수 있는 권리는 무엇인지도 알고 싶어요.

사회나 나라의 일에 참여할 수 있는 권리가 궁금하구나? 그런 권리를 '참정권'이라고 해. 쉽게 말해 투표를 하거나 선거에 나가거나, 국민투표를 할 수 있는 권리 등이야. 간단한 예로, 시장이나 도지사, 국회의원, 대통령 등을 뽑는 선거일에 "이 사람, 우리나라 대표로 괜찮겠어!" 하면서 한 표를 던지잖아, 그게 바로 참정권이야.

예전에는 흔히 이렇게 생각했지. "정치는 뭐, 어른들만 하는 거 아닌가?" 실제로 우리나라에서는 이전에 19세가 돼야 투표를 할 수 있었어. 그래서 고등학생은 물론이고, 대학생이 돼서도 첫 학기에는 투표를 못 해본 친구들이 많았지. 그런데 이제는 달라졌어!

2020년부터 18세도 투표를 할 수 있게 되었거든. 고3 학생들도 선거에 참여할 수 있게 된 거야. 학생 신분이지만 나라의 중요한 일에 한 표를 행사할 수 있게 된 거지. "나도 이제 유권자다!" 하면서 떨리는 마음으로 처음 투표소에 간 학생들 이야기가 뉴스에도 많이 나왔어. 어떤 학생은 "이 세상은 나도 살아가는 곳이니까, 내가 살아갈 곳을 만들어 갈 사람을 내가 뽑는 게 당연하죠."라고 말했대. 멋지지?

참정권은 크게 세 가지로 나눌 수 있어. 첫째, 선거권이야. 이건 그저 선거일에 투표만 하고 끝내는 권리가 아니야. 그 한 표의 의미를 깊이 생각해 봐야 해. 참정권은 내 생각과 의견을 세상에 전할 수 있는 가장 중요한 방법이거든. 누가 우리 사회를 이끌지, 어떤 방향으로 나아갈지를 우리가 직접 선택하는 거니까! 그래서 참정권은 민주주의의 핵심이라고 불려.

둘째, 공무담임권이야. 선거에 출마하는 것도 참정권에 속하거든. 이건 공직에 취임할 수 있는 권리야. '나도 나중에 국회의원이나 시장이 돼서 직접 나라를 바꿔 보고 싶어요!'라고 생각하는 사람은 이 권리를 통해 실제로 공직에 도전할 수 있지. 물론 일정한 나이와 자격 조건이 있어! 예를 들어, 국회의원 선거에 출마하려면 25세 이상이어야 하고, 대통령이 되기 위해서는 40세 이상이어야 해. 또한, 일정 기간 대한민국에 실제로 거주한 사람이어야 하며 무거운 범죄로 처벌받은 기록이 없는지 등 몇 가지 조건도 함께 살펴봐.

셋째, 국민투표권이야. 이건 중요한 국가의 일을 국민이 직접 찬성과 반대로 결정하는 권리야. 예를 들어, 헌법을 바꾸는 등의 중요한 사안은 국민 모두의 투표로 결정할 수 있어. 이것도 우리가 나라의 주인이라는 걸 보여 주는 멋진 권리야.

물론 아직 나이가 안 돼서 투표를 할 수 없는 친구들도 많을 거야. 그렇다고 해서 정치와 아무 상관 없는 건 절대 아니야. 뉴스를 보고, 사회문제에 관심을 갖고, 친구들과 의견을 나누는 것도 참정권을 제대로 누리기 위한 멋진 준비야!

청구권은
어떤 권리일까?

드라마를 보면 "법대로 하자."라는 말이 많이 나와요. 그런데 정말 법에 기대면 뭔가 해결할 수 있나요? 그리고 나라에서 뭔가 잘못해서 피해를 입었을 때는 그 피해를 누구한테 말해야 해요? 혹시 내 잘못이 아닌데 경찰에 잡혀갔다가 나중에 무죄가 되면, 그 억울한 시간은 그냥 잊어야 하나요? 이럴 때 내가 국가에 직접 뭔가를 요청할 수 있나요? 그런 권리가 있는 건가요?

　헌법에는 '청구권'이라는 권리가 있어. 청구권은 내가 억울한 일을 당했거나, 당할 것 같을 때 국가에 "도와주세요!"라고 요구할 수 있는 권리야. 대표적인 청구권으로는 청원권, 재판청구권, 형사보상청구권, 국가배상청구권, 범죄피해자구조청구권이 있지.

　먼저 청원권, 이건 "이거 좀 고쳐 주세요!"라고 요구하는 권리야. 예를 들어, 학생도 국회에 "이런 법 만들어 주세요!"라고 요청할 수 있어. 이걸 입법 청원이라고 해.

　다음은 재판청구권, 누군가 나에게 누명을 씌웠다고 해보자. 그럴 땐 법원에 가서 "이게 진짜 내 잘못인지 아닌지 판단해 주세요."라고 말할 수 있어. 이렇게 억울한 일을 법적으로 따져 볼 수 있는 권리가 바로 재판청구권이야.

　그리고 형사보상청구권도 있어. 만약 억울하게 감옥에 갔는데, 나중에 '무죄'라는 게 밝혀졌어. 그러면 "저 억울했어요. 보상해 주세요!"라고 국가에 요구할 수 있는 거야.

국가배상청구권은 공무원이 일을 잘못해서 너한테 피해를 줬을 때 쓸 수 있어. 예를 들어, 도로를 잘 관리하지 않아서 다쳤다면, "이건 국가가 책임져야 해요."라고 배상을 요구할 수 있지.

마지막은 범죄피해자구조청구권이야. 범죄 때문에 큰 피해를 입었는데, 범인을 못 잡거나 배상을 못 받는 상황이라면, 국가가 대신 도와주는 제도야. 국민을 향한 국가의 따뜻한 마음이 담긴 권리지.

사회권은
어떤 권리일까?

요즘은 예전보다 정부의 지원 제도가 많아졌다고 들었어요.

형편이 어려운 친구도 장학금이나 복지 혜택을 통해 공부를

계속할 수 있고, 병원비가 부담될 때 도와주는 제도도 있다

던데, 그런 건 누가 만드는 거예요? 또, 열심히 일하고 싶은

데 일자리를 구하기 어려운 사람들을 국가가 도와주기도 한

다던데, 이런 지원이 가능하게 된 이유가 뭔가요? 혹시 이런

도움도 헌법 덕분인 건가요?

맞아, 헌법에는 '사회권'이라는 권리가 있거든. 사회권은 "내가 인간답게 살 수 있게 도와주세요!"라고 국가에 요구할 수 있는 권리야. 밥 먹고, 공부하고, 일하고, 건강하게 살기 위한 기본적인 조건을 보장해 주는 권리지. 복지국가라면 꼭 필요한 권리야.

먼저 교육받을 권리부터 볼까? 집이 가난하든 부유하든 누구나 학교에 다니고 공부할 기회를 가져야 해. 이 권리를 보장하기 위해 우리나라는 초등학교와 중학교를 의무교육으로 정하고, 모든 아이가 경제적 부담 없이 교육을 받을 수 있도록 하고 있어. 국민의 세금으로 운영되는 공립학교가 있고, 교과서도 무상으로 제공되는 건 모두 교육받을 권리 덕분인 거야.

그리고 근로의 권리도 있어. 열심히 일할 준비가 되어 있는데 일할 곳이 없다면? 국가가 일자리를 만들도록 노력해야 해. 헌법 제32조에 따르면, 국가는 사회적·경제적 방법으로 근로자의 고용 증진과 적정임금 보장을 위해 노력해야 하지. 근로

자에게는 근로 3권이라는 중요한 권리도 있어. 첫째는 단결권인데, 근로자가 모여서 노동조합을 만들 수 있는 권리야. 둘째는 단체교섭권으로, 노동조합이 임금이나 근무시간 등을 놓고 회사와 협상할 수 있어. 마지막은 단체행동권이야. 근로 조건이 너무 불합리하면 파업을 하는 등 행동으로 의견을 표현할 수 있는 권리를 말해. 예를 들어, 어떤 회사에서 근로자에게 너무 긴 시간을 일하게 하면서 월급을 제대로 주지 않았다면, 노동조합이 나서서 회사에 항의하고 조건을 바꾸라고 요구할 수 있는 거야. 이런 권리가 없다면 근로자가 부당한 대우를 받아도 그냥 참을 수밖에 없을 거야.

그리고 인간다운 생활을 할 권리도 중요해. 헌법 제34조 제1항에서는 "모든 국민은 인간다운 생활을 할 권리를 가진다."라고 명시하고 있어. 바로 이 권리를 기반으로, 밥을 굶거나 집이 없어 고생하는 사람에게 국가가 도움을 주는 거야. 특히 신체장애나 질병, 노령 등으로 생활능력이 없는 국민은 법률이 정하는 바에 따라 국가의 보호를 받을 수 있어.

환경권도 있어. 깨끗한 공기, 맑은 물, 건강한 환경에서 살 권리를 말해. 헌법 제35조에 따르면 모든 국민은 건강하고 쾌적한 환경에서 생활할 권리가 있어. 공장이 주변 강을 오염시키거나 미세먼지 때문에 숨 쉬기 힘든 상황이라면 국가는 이런 문제를 해결할 책임이 있는 거지.

마지막으로 혼인과 가족생활의 보호도 사회권 중 하나야. 가족은 사회를 이루는 가장 기본적인 단위이고, 사람은 태어날 때부터 가족의 영향을 가장 많이 받잖아? 그런 만큼, 누구나 차별이나 불이익 없이 결혼하고 가족을 이룰 수 있도록 국가가 지켜 줘야 해.

기본권도
제한될 수 있을까?

지금까지 헌법이 기본권을 보장한다고 했잖아요. 그런데 기본권은 정말 아무 제한 없이 보장되는 건가요? 예를 들어, 언론의 자유가 있다면 내가 하고 싶은 말을 무조건 다 해도 되는 걸까요? 아니면 내 자유가 다른 사람에게 피해를 준다면 제한될 수도 있나요? 만약 기본권을 제한한다면, 그 기준은 뭐예요? 그리고 기본권이 제한될 수 있다면, 어디까지 가능한지 궁금해요!

헌법에서 보장하는 기본 권리인 기본권도 경우에 따라 제한될 수 있어. 왜냐하면, 한 사람의 기본권이 다른 사람의 기본권과 충돌하거나, 공공의 이익에 해가 될 수도 있기 때문이야. 그래서 헌법은 기본권을 제한할 수 있는 기준과 원칙을 정해 놓았어. 헌법 제37조 제2항에는 이렇게 나와 있지.

"국민의 모든 자유와 권리는 국가안전보장·질서유지 또는 공공복리를 위하여 필요한 경우에 한하여 법률로써 제한할 수 있으며, 제한하는 경우에도 자유와 권리의 본질적인 내용을 침해할 수 없다."

이 내용을 조금 더 쉽게 풀어 볼게. 우선 기본권은 아무 때나 제한할 수 없어. 헌법은 기본권을 제한할 수 있는 세 가지 경우를 정해 놓았어. 국가안전보장, 질서유지, 공공복리인데, 이 세 가지 경우가 아니라면 기본권을 제한할 수 없어.

첫째, 만약 국가의 안전이 위협받는 상황이 생긴다면, 이를 막기 위해 일부 기본권을 제한할 수 있어. 한 국가의 기밀이 담긴 정보를 함부로 공개하면 어떻게 될까? 이건 표현의 자유를 넘어 국가의 안전을 위협하는 행동이 될 수 있어. 그래서 기밀 유출을 막는 법이 있는 거야. 예를 들어, 군사 작전과 관련된 정보를 인터넷에 올리면 심각한 법적 처벌을 받을 수 있어.

둘째, 전쟁이 나서 나라가 엉망이 된 상황을 한번 상상해 보자. 물가가 엄청나게 오르고, 사람들이 생필품을 잔뜩 사재기하다 보니 금세 물건이 부족해졌어. 심지어 강도나 약탈 같은 범죄도 자주 일어나고 있어. 이런 혼란스러운 상황에서 국가는 어떤 조치를 해야 할까? 질서 유지를 위해 "밤 12시 이후에는 밖에 나가지 마세요!"라고 통행을 제한할 수 있어. 사람들이 더 큰 피해를 입지 않도록 하기 위한 조치지.

이번에는 어떤 기업이 공장 폐수를 강에 마음대로 버린다고 해보자. 이건 재산권에 따른 행동일 수도 있지만, 다른 사람들의 건강과 환경에 피해를 주는 일이야. 이럴 때 국가는 공공복리를 위해 이런 행동을 제한할 수 있어.

헌법 제37조 제2항은 기본권을 제한할 때도 반드시 지켜야 할 두 가지 원칙을 정해 놨어. 우선, 국가가 기본권을 제한하려면 반드시 법률에 근거해야 해. 이걸 '법률유보의 원칙'이라고 해. 일상적인 예로 비유해 볼게. 좋아하는 노래가 있다고 해서 불법으로 다운로드를 받으면 어떻게 될까? 그러면 그 노래를 만든 사람은 큰 피해를 입고, 음원 산업이 위축될 수도 있어. 이를 방지하기 위해 저작권법을 만들어서 불법 다운로드를 금지하고, 적발 시에는 처벌한다는 규정을 만들어 두었지. 이처럼 음악을 자유롭게 다운로드할 수 있는 권리를 제한하더라도, 그 제한은 반드시 저작권법 같은 법률에 근거해서 이루어져야 해.

기본권을 제한할 때는 과잉금지의 원칙도 꼭 지켜야 해. 말 그대로 필요한 범위를 넘어서 과도하게 제한하면 안 된다는 뜻 이야. 헌법 제37조 제2항에 국가안전보장, 질서유지, 공공복리를 위해 기본권을 제한할 수 있는 근거를 만들어 났으니 선을 넘어서는 기본권 제한은 인정될 수 없다는 거야.

예를 들어 볼게. 서울 도심에서 어떤 노동자 단체가 집회를 열고 싶다고 했어. 그런데 집회 장소 근처에 외국 대사관이 있어. 법률에 따르면 대사관 100미터 이내에서는 집회를 할 수가 없어. 왜냐하면, 외교관의 안전과 대사관의 원활한 운영을 보장하기 위해서지. 그런데 만약 집회가 대사관에 아무런 영향을 주지 않는 소규모 행사라면 어떨까? 혹은 외교관이 근무하지 않는 휴일에 집회를 열려고 한다면? 이런 경우까지 집회를 완전히 금지하는 건 필요 이상의 제한일 수 있어. 이런 상황에서는 과잉금지 원칙에 따라 제한이 부당하다고 판단할 수 있지.

만약 기본권을 제한하는 법률이 헌법에서 정한 한계를 넘어서면 어떻게 될까? 이럴 땐 헌법재판소가 나서서 그 법률이 위헌(헌법에 위배됨)인지 판단해. 어떤 법률이 국민의 표현의 자유를 너무 심하게 제한한다면, 헌법재판소가 그 법률을 위헌이라고 선언하고 폐지할 수도 있는 거지.

기본권은 우리가 자유롭게 살아갈 수 있도록 보장해 주는 가장 중요한 권리지만, 정당한 이유가 있을 때는 제한될 수 있어. 그렇지만 과도하게 제한해서는 안 되며, 어떠한 경우에도 기본권의 본질적인 내용은 침해할 수 없어.

헌법으로 정해 놓은
국민의 의무는 무엇일까?

국민의 권리가 헌법으로 보장된다는 얘기는 많이 들어 봤는데, 국민의 의무도 헌법에 나와 있나요? 의무라는 건 꼭 해야만 하는 거잖아요. 그런데 국민에게 어떤 의무가 있는지 잘 모르겠어요. 예를 들어, 세금을 내는 것도 의무인가요? 군대에 가는 것도 국민의 의무라고 하던데, 맞나요? 만약 국민의 의무를 안 지키면 어떤 일이 생기나요? 이런 걸 헌법에서 어떻게 정하고 있는지 궁금해요!

권리가 있으면 의무도 당연히 따르기 마련이야. 의무는 말 그대로 '꼭 해야 하는 일'을 가리켜.

그런데 왜 의무를 헌법으로 정해 놓았을까? 모두가 더 나은 삶을 살고, 나라를 잘 운영하기 위해서야. 헌법으로 국민의 의무를 정해 놓은 데에는 두 가지 목적이 있어. 첫째, 국민이 지켜야 할 최소한의 약속을 명확히 해두기 위해서야. 둘째, 법으로 정해지지 않은 의무를 함부로 만들지 못하게 막기 위한 목적도 있어.

우리 헌법은 국민이 꼭 지켜야 할 의무를 정리해 놓았어. 그 중 대표적인 게 '국민의 4대 의무'야. 납세의 의무, 국방의 의무, 교육의 의무, 근로의 의무지. 그리고 시대 변화에 따라 재산권 행사 공공복리 적합 의무와 환경 보전의 의무도 추가되어 총 여섯 가지 의무가 되었어.

먼저 납세의 의무는 세금을 내야 한다는 거야. 세금은 나라를 운영하고 복지나 교육 같은 서비스를 제공하기 위해 필수적으로 필요해. 그래서 세금은 경제활동을 하는 모든 사람이 내야 하지. 또 한편으로 법으로 정해진 것 이외의 것은 절대로 걷으면 안 돼.

국방의 의무는 나라를 지키는 데 참여해야 한다는 거야. 우리나라는 징병제를 실시하고 있어서 건강한 남성은 일정한 나이가 되면 군대에 가야 해. "왜 남자만 군대에 가요?"라고 질문할 수 있겠지만, 헌법은 성별에 따른 합리적인 차이는 인정하고 있어. 이는 남녀의 신체적 차이와 군대 조직의 특수성을 고려한 것이며, 헌법재판소도 이러한 차별이 평등권을 침해하지 않는다고 판단했거든.

교육의 의무는 자녀가 학교에 다니도록 해야 한다는 거야. 초등학교 6년, 중학교 3년의 의무교육은 이 헌법 조항 덕분에 생겼지. 학교에 보내지 않으면 보호자가 처벌받을 수도 있어. 교육은 의무이자, 더 나은 삶을 위한 중요한 권리이기도 해.

근로의 의무는 일을 통해 자신을 발전시키고, 사회에도 기여해야 한다는 거야. 법에 적혀 있긴 하지만 지키지 않는다고 해서 처벌을 받는 건 아니라서, 윤리적·도덕적인 책임에 가까워.

재산권 행사 공공복리 적합 의무도 있어. 내 땅이나 건물이라 해도 공공의 이익을 해치는 식으로는 사용하면 안 된다는 뜻이야. 헌법 제23조에 "모든 국민의 재산권은 보장된다."라고 명시돼 있지만, "재산권 행사는 공공복리에 적합하도록 해야 한다."라는 규정도 있어. 내 재산이라도 무조건 내 마음대로 사용할 수는 없다는 의미야. 예를 들어, 개인 소유의 산이라고 함부로 나무를 다 베거나 환경을 파괴하면 안 되는 거지.

환경 보전의 의무도 요즘 정말 중요해. 이 의무는 1980년대 경제 성장으로 환경 오염이 심각해지자 법적인 대응이 필요하다는 목소리가 커졌고, 그 결과 1987년 개정 헌법에 새롭게 담기게 된 거야. 기후위기가 갈수록 심각해지고 있는 이때, 개인도, 기업도 환경을 지키기 위해 노력해야 해. 쓰레기 줄이기, 에너지 절약 같은 작은 실천도 여기에 포함돼.

국민의 의무는 이처럼 함께 잘 살기 위해서 헌법으로 정해 놓은 거야. 세금을 안 내거나, 국방의 의무를 지키지 않으면 나라가 제대로 운영되지 않고, 교육을 받지 않으면 미래를 준비하기 어려워. 환경을 보호하지 않으면 모두가 피해를 입지.

의무라는 말만 듣고 '왜 내가 꼭 해야 해?'라고 발끈할 수도 있지만, 이런 의무가 잘 지켜질 때 우리 사회는 더 안전하고, 평등하고, 행복한 곳이 될 수 있어!

3장

헌법기관에는 어떤 것들이 있을까?

1. 삼권분립은 무엇이며 왜 중요할까?

2. 국회는 어떤 일을 하는 곳일까?

3. 법률은 어떻게 바꿀 수 있을까?

4. 정부는 헌법에 따라 어떻게 움직일까?

5. 대통령이 잘못된 결정을 하면 누가 막을 수 있을까?

6. 법원은 헌법을 어떻게 적용할까?

7. 헌법재판소는 어떤 일을 할까?

8. 감사원은 왜 독립적인 헌법기관일까?

9. 선거관리위원회는 공정과 중립성을 어떻게 지킬까?

삼권분립은 무엇이며
왜 중요할까?

얼마 전에 반 친구들끼리 축구팀을 나눌 때 다툼이 있었어요. 한 친구가 팀원도 자기가 정하고, 경기 규칙도 자기가 만들고, 심판도 자기가 하겠다고 해서 다들 화가 났거든요.

그런데 생각해 보면, 나라에서도 비슷한 일이 벌어질 수 있을 것 같아요. 만약 대통령이 법도 만들고, 법이 잘 지켜지는지도 직접 판단하고, 심지어 그 법을 집행하는 일까지 다 한다면 공정하지 않을 것 같아요.

혹시 그래서 삼권분립이라는 걸 만든 걸까요? 권력을 나누면 나라가 더 공평해지고 안전해지는 건가요?

　권력을 나누는 전통은 꽤 오래전부터 시작됐어. 예를 들어, 고대 로마 공화국에서는 최고 지도자인 집정관을 한 명이 아니라 두 명 뽑았어. 왜일까? 한 사람이 모든 권력을 가지면 그걸 자기 마음대로 쓸 수 있기 때문이야. 이렇게 권력을 분산하는 제도는 근대에 들어 더욱더 구체적이고 체계적으로 발전했어.

　근대적 삼권분립은 영국의 철학자 존 로크가 1690년 『통치론』에서 "입법권과 집행권을 분리해야 한다."는 주장을 하면서 시작되었어. 한 사람이 법을 만들고 집행까지 하면 자신의 이익만 추구할 수 있다고 본 거야. 이후 프랑스의 사상가 몽테스키외는 국가권력을 입법, 행정, 사법 셋으로 나누어 서로 견제해야 한다는 삼권분립론을 주장했어. 왕이 모든 걸 자기 마음대로 하던 시대에 이와 같은 주장을 했다는 것을 생각하면 굉장히 혁신적이었지.

　이런 삼권분립이 실제로 헌법에 반영된 건 1787년에 미국 헌법이 만들어지면서야. 미국은 왕정을 버리고 대통령제를 도입했어. 그런데 왕이 가진 권력을 대통령에게 그대로 넘기면 또 문제가 생길 거라고 봤지. 그래서 권력을 크게 세 가지로 나눴어. 법을 만드는 입법권은 연방의회(국회)에, 법을 실행하는 행정권은 대통령에게, 옳고 그름을 판단하는 사법권은 법원에 부여했지. 그리고 이 세 기관이 서로 견제하고 감시할 수 있게 했어. 한쪽으로 힘이 몰리지 않게 하려는 장치를 만든 거야. 만약 한 기관이 모든 권력을 가지고 있다면 어떻게 될까? 권력을 자기 마음대로 쓰는 일이 생기겠지. 그러면 민주주의는 지키기 어려워지고, 결국 독재 정치로 흘러갈 가능성이 커져.

우리 몸을 생각해 보면 이해하기 쉬워. 건강하게 살려면 다양한 영양소가 필요하지? 그런데 영양소가 배에만 몰린다고 상상해 봐. 배만 볼록해지고 다른 곳은 약해지겠지. 몸이 건강하려면 영양소가 온몸에 골고루 전달되어야 해. 나라의 권력도 마찬가지야. 한곳으로 몰리면 문제가 생겨.

권력이 골고루 나뉘어야
진정한 민주주의 국가가 될 수 있어

우리나라도 국가의 권력을 세 가지로 나누어서 서로 견제하고 균형을 이루도록 하고 있어. 먼저, 법을 만드는 기관인 입법부가 있어. 국회가 여기에 해당해. 두 번째는 법을 집행하고, 국민에게 세금을 거둬 나라 살림을 책임지는 행정부야. 행정부는 대통령과 정부를 말하지. 마지막으로 법에 따라 옳고 그름을 판단하고, 재판을 하는 사법부가 있어. 법원이나 판사들이 여기에 속해.

사람들은 왜 이렇게까지 권력을 나누어야 한다고 생각했을까? 여기서 유명한 말 하나를 소개할게. "절대 권력은 절대 부패한다." 영국의 정치가이자 역사가인 존 댈버그 액턴이 한 말이야. 무슨 뜻이냐면, 누군가 권력을 혼자 차지하면 반드시 부패하고, 그 피해는 고스란히 국민에게 돌아간다는 거야.

삼권분립은 이런 문제를 막고, 시민의 자유와 민주주의를 지키기 위해 꼭 필요한 장치야. 예를 들어, 행정부가 법을 잘못 집행하거나 국민의 권리를 침해하면, 사법부가 그것을 바로잡아. 또, 입법부가 만든 법이 국민의 자유를 침해한다면, 사법부가 그 법이 헌법에 맞는지 심사할 수 있어. 이렇게 각 기관이 서로 균형을 맞추며 견제해야 민주주의가 안전하게 유지될 수 있는 거야.

국회는
어떤 일을 하는 곳일까?

헌법을 읽어 봤어요! 그런데 국회에 관한 내용이 대통령이나 정부 이야기보다 먼저 나오는 거 있죠? '이거 뭔가 되게 중요한 기관인가 보다!' 싶었어요. 그런데 정작 국회가 무슨 일을 하는지는 잘 모르겠더라고요. 국회는 무슨 일을 하고, 왜 이렇게 중요한 걸까요?

여의도에 큰 돔 지붕이 있는 건물 본 적 있어? 특이하게 생겨서 어떤 건물인지 궁금했다고? 바로 국회의사당이야. 둥근 돔 지붕은 국민의 다양한 의견이 토론을 통해 하나의 결론으로 모이는 의회정치의 본질을 상징하지. '국회'라는 말을 많이 들어 보긴 했는데 정확하게 뭔지는 잘 모르겠다고? **국회는 법을 만들고 나라의 중요한 일을 결정하는 곳, 즉 입법부야.** 그럼 국회가 무슨 일을 하는지 하나씩 알아보자!

첫째, 법률을 제정하고 개정하는 역할을 해. 가장 중요한 국회의 역할이지. 예를 들어, AI 기술이 발달하면서 새 법이 필요해지면 국회에서 만드는 거야. 법은 사회의 질서를 유지하고 갈등을 해결하는 역할을 하는 만큼 사회와 동떨어져서는 안 돼. 그러니까 사회가 바뀐다면 법도 그에 발맞춰 바뀌어야겠지? 또, 외국과 조약을 맺을 때도 국회의 동의를 받아야 해. 조약은 법률과 같은 효력을 가지기 때문에 국회의 심의와 동의가 필수적이야.

둘째, 예산안을 심의·확정하고, 결산을 심사해. 나랏돈이 어떻게 쓰이는지 계획을 세우고, 승인하는 게 국회의 일이야. 예를 들어, 어느 지역에 도로를 놓을지, 복지 예산을 얼마나 늘릴지 등을 국회가 정해. 한 해 동안 예산이 제대로 집행되었는지 확인하는 결산 심사도 국회의 중요한 역할이야.

셋째, 정부를 감시하고 견제해. 국회의원들은 정부가 세금을 낭비하거나 잘못된 일을 하지 않도록 국정감사를 통해 정부 부처의 일을 점검하고, 필요하면 총리나 장관을 불러 질문할 수 있어. 문제가 심각하면 국정조사를 통해 깊이 있게 조사하기도 해.

또 하나 중요한 권한이
탄핵소추권이야

대통령 같은 고위 공직자가 헌법이나 법률을 어기면, 국회가 탄핵소추를 의결하고, 헌법재판소에서 최종 판단을 해. 탄핵 과정을 좀 더 자세히 살펴보자면, 탄핵소추가 국회에서 의결되면, 그다음 단계로 헌법재판소로 넘어가. 헌법재판소는 증거를 조사하고 심리를 거쳐서, 해당 공직자가 정말로 헌법이나 법률을 위반했는지 판단하지. 만약 위반 사실이 인정되면 헌법재판소는 탄핵을 인용하고, 그 공직자는 즉시 직위를 잃게 돼. 대통령에게도 이 절차는 똑같이 적용돼.

그리고 대통령이 계엄을 선포하면, 국회는 계엄 해제를 요구할 권한도 있어. 이런 식으로 국회는 국민의 권리를 지키고 정부를 견제하는 역할을 해.

그뿐만 아니라, 국회는 중요한 공직자를 임명하거나 임명에 동의하는 권한이 있어. 대통령이 국무총리나 대법원장, 헌법재판소장 같은 주요 공직자를 임명하려면, 국회의 동의를 받아야 해. 또, 헌법재판소 재판관 아홉 명 중 세 명, 선거관리위원회 위원 아홉 명 중 세 명은 국회가 직접 선출해. 그리고 장관이나 경찰청장, 검찰총장 등 국가기관의 주요 책임자를 임명할 땐, 국회에서 인사청문회를 열어서 그 사람이 그 자리에 어울리는지 자격을 따져 보기도 해.

국회는 300명의 국회의원으로 구성돼 있어. 한 명 한 명이 법을 만들 수 있는 헌법기관이라는 게 중요하지. 국회의장은 국회를 대표하고, 본회의를 주재하는 역할을 해.

국회의 중요한 결정은 본회의에서 이루어지지만, 그 전에 상임위원회에서 먼저 꼼꼼히 검토해. 상임위원회는 교육, 환경, 국방 등 분야별로 나뉘고, 특별한 사안이 있을 때는 특별위원회를 꾸려서 그 문제를 집중적으로 논의해.

국회의원에게는 면책특권과 불체포특권이라는 직무상 특권이 있어. 국회의원은 국회 내 공식회의에서 직무상 한 발언이나 표결에 대해 법적 책임을 지지 않는데, 이를 면책특권이라고 해. 이 권한은 소신껏 자유롭게 생각을 펼칠 수 있도록 보장해 주기 위해 생겼어. 그리고 불체포특권은 회기 중에는 국회의 동의 없이 체포되지 않는 특권이야. 단, 현행범은 예외고, 이 특권을 남용해서는 안 돼.

그렇다면 우리는 어떤 국회의원을 뽑아야 할까? 정직하고 공정하며, 국민과 나라를 먼저 생각하고 성실하게 일하는 사람을 선택해야 해. 그런 국회의원이 많아질수록 신뢰할 수 있는 국회가 만들어질 거야.

법률은
어떻게 바꿀 수 있을까?

국회에서 법이 만들어진다는 건 이제 알았어요. 그런데 정작 법이 어떻게 만들어지고 바뀌는지는 잘 모르겠어요. 그리고 법을 바꾸려면 국민의 의견도 반영해야 하지 않나요? 누구나 법을 바꾸자고 제안할 수 있는지, 아니면 특정한 사람만 제한할 수 있는지도 알고 싶어요. 법이 만들어지고 바뀌는 과정을 자세히 알려 주세요!

좋은 질문이야! 법을 새로 만들거나 고치려면 생각보다 많은 단계를 거쳐야 해. 하지만 걱정하지 마. 지금부터 쉽게 설명해 줄게. 집중해서 봐줘!

먼저, "새로운 법을 만들자!"라고 제안하는 사람이 있어야겠지? 보통은 국회의원 열 명 이상이 함께 법안을 발의하거나, 정부가 필요한 법안을 국회에 제출하면서 시작돼.

법안이 제출되면 바로 심사하지는 않고, 먼저 '입법 예고'라는 절차를 거쳐. 이건 법안을 국민에게 미리 알려서 의견을 듣는 단계야. 국회 홈페이지나 공지사항을 통해 법안 초안을 볼 수 있고, 누구나 "이건 좋은 생각이다!" 또는 "이 부분은 바꿔야 해" 같은 의견을 낼 수 있지.

이렇게 국민의 의견을 모은 뒤, 본격적인 심사가 시작돼. 국회의장이 법안을 어떤 상임위원회에서 다룰지 정하고, 해당 위원회에서 법안을 꼼꼼히 살펴봐. 예를 들어, 학교 교육에 관한 법은 교육위원회로, 환경 보호에 관한 법은 환경노동위원회로

가는 식이야.

상임위원회에서는 법안을 자세히 검토해. 하지만 300명이나 되는 국회의원이 전부 참여하면 시간이 너무 오래 걸리니까, 법안심사소위원회라는 소규모 모임에서 먼저 논의하는 경우가 많아. 여기서 법안의 세부 내용을 뜯어보고, 필요하면 전문가의 의견을 듣기도 해. 공청회나 청문회를 열어 다양한 사람들의 목소리를 반영하기도 하지. 심사가 끝나면 상임위원회 전체회의에서 토론하고 투표해서 법안을 통과시킬지 결정해. 이건 정말 중요한 단계야!

그다음은 법제사법위원회(법사위)로 넘어가. 여기서는 법안의 체계와 문구(자구)를 점검해. 다른 법과 충돌하지 않는지, 문장은 명확한지를 살펴보는 거야. 예를 들어, 법에 '모두'라고 쓰는 게 애매하면 '모든 국민'으로 바꾸는 식으로 하나하나 다듬는 거야.

이제 법안이 드디어 본회의로 올라가! 본회의에서는 모든 국회의원이 모여 질의와 토론을 한 뒤 최종 투표를 해. 이때 법안이 통과되려면 재적의원의 과반수 출석과 출석의원의 과반수 찬성이 필요해. 국회 재적의원이 300명이니까, 최소 151명이 출석해야 하고, 출석한 의원 중 절반 이상이 찬성해야 법안이 통과돼. 예를 들어, 200명이 참석했다면 최소 101명이 '찬성'해야 법안이 통과되는 거야.

법안이 통과되면 정부로 보내져서 대통령이 검토해. 대통령은 보통 15일 안에 법안을 공포해서 정식 법으로 효력을 갖게 해. 하지만 대통령이 '이 법안은 문제가 있다.'고 판단하면 거부권(재의요구권)을 행사할 수 있어. 그러면 법안은 다시 국회로 돌아가고, 국회는 재투표를 해. 이때는 조건이 더 엄격해져서 재적의원 3분의 2 이상, 즉 최소 200명이 찬성해야 통과돼.

어때? 복잡해 보이지만, 한 걸음씩 짚어 보면 법이 어떻게 만들어지고 바뀌는지 알 수 있겠지? 법은 국민의 권리와 의무를 정하는 중요한 약속이기 때문에, 이렇게 여러 단계를 거쳐 꼼꼼히 검토하는 거야. 이 과정을 통해 더 공정하고 유용한 법이 만들어지고, 그로써 우리 생활이 더 나아지는 거지.

정부는 헌법에 따라 어떻게 움직일까?

'정부'라는 말은 자주 듣는데, 정확히 뭐예요? 대통령이 있는 곳이 정부인 건 알겠는데, 정부가 정확히 무슨 일을 하고, 어떻게 움직이는 건지 잘 모르겠어요.

뉴스에는 맨날 "정부가 발표했다.", "정부가 결정했다." 이런 말이 나오는데, 진짜 대통령 혼자서 모든 걸 다 결정하는 건가요? 아니면 대통령을 도와주는 사람들이 있는 건가요?

　‘정부’는 나라를 운영하는 조직이야. 그 중심에는 대통령이 있어. 대통령은 국가원수이자 행정부의 수반, 그러니까 정부의 최고 책임자야.

　하지만 대통령이 혼자서 나라를 운영하는 건 아니야. 정부는 여러 부처와 공무원들로 이루어져 있어. 예를 들어, 교육부는 학교와 교육을, 보건복지부는 국민 건강을, 국방부는 군대를 맡고 있어. 각 부처는 자기 분야를 책임지고, 국무총리는 대통령을 도와서 각 부처가 잘 협력하도록 전체를 조정하는 역할을 해.

　헌법 제66조에는 “행정부의 권한은 대통령을 수반으로 하는 정부에 속한다.”고 나와 있어. 여기서 말하는 행정부의 권한, 즉 행정권은 국회의 입법권, 법원의 사법권과 함께 나라를 움직이는 세 가지 중요한 권력 중 하나야. 국회가 법을 만들면, 그 법에 따라 실제로 나라를 운영하는 건 대통령과 정부의 몫이야.

그래서 대통령을 행정부를 이끄는
중심인물이라고 하는 거지

그럼 대통령은 무슨 일을 할까?

먼저, 국무회의를 열어서 국무총리와 장관들의 의견을 듣고 정책을 결정해. 예를 들어, 학교에 AI 교육을 늘리는 정책이 필요하면, 대통령은 교육부 장관과 상의해서 방향을 정하고 계획을 세우는 거야.

대통령은 정부를 지휘·감독할 수 있고, 공무원을 임명하거나 해임할 수도 있어. 또 전쟁이나 위급 상황에서는 군대를 지휘하는 국군통수권을 행사해.

또 대통령은 대통령령이라는 명령을 내릴 수 있어. 대통령령은 법률에서 정한 내용을 구체적으로 어떻게 실행할지 정하는 규칙이야. 예를 들어, 환경보호법이 있다면, 대통령령으로 "일회용 플라스틱 컵 사용을 줄이자." 같은 구체적인 방법을 정할 수 있지. 총리가 이런 명령을 내리면 총리령, 장관이 내리면 부령이라고 불러.

대통령은 외교에서도 나라를 대표해. 다른 나라와 조약을 맺거나 외국에 우리나라 대사를 보내고 외국 대사를 맞이할 수 있지.

또 나라에 큰 위기가 닥치면 계엄을 선포하거나 긴급 명령을 내릴 수도 있어. 계엄은 전쟁이나 폭동처럼 나라가 큰 혼란에 빠졌을 때 군대가 질서를 유지하도록 하는 특별한 조치야. 예를 들어, 1980년 5·18 민주화운동 당시 신군부가 전국비상계엄을 선포했어. 군대는 치안 유지를 명분으로 광주에 투입되었지만, 민주화 요구를 무력으로 억압하며 수백 명의 사망자와 부상자를 낳는 등 큰 피해와 아픈 역사를 남겼지. 이 사례는 대통령의 권한이 국민의 삶에 얼마나 큰 영향을 미칠 수 있는지를 보여 줘.

헌법은 대통령과 정부가 함부로 권력을 쓰지 않도록 구체적인 기준과 제도를 통해 견제하고 통제하지. 그래서 대통령, 장관, 공무원 모두 헌법에 따라 나라를 운영해야 해. 예를 들어, 대통령이 새로운 법이 필요하다고 생각하면, 법률안을 국회에 제안할 수는 있어. 하지만 그걸 법으로 만들지 말지는 국회가 결정해. 왜냐하면 법을 만드는 건 국회의 권한이니까, 대통령이라고 해도 혼자 법을 만들 수는 없어. 또 외국과 조약을 맺을 때도 국회의 동의를 꼭 받아야 해.

이렇게 헌법은 정부가 제멋대로 권력을 쓰지 못하도록 지켜 주는 울타리 역할을 해. 만약 헌법이 없었다면, 정부가 마음대로 법을 바꾸거나 권력을 휘두를 수도 있었을 거야. 그래서 헌법은 국민을 보호하는 든든한 방패 같은 존재란다.

대통령이 잘못된 결정을 하면 누가 막을 수 있을까?

대통령의 권한이 엄청 크네요! 만약 대통령이 잘못된 결정을 내리면 나라에 큰일이 나는 거 아닌가요? 대통령이 법을 어기면 어떻게 되나요? 대통령도 일반 국민처럼 처벌받을 수 있나요?

대통령은 나라를 대표하는 아주 중요한 자리야. 권한이 큰 만큼, 잘못된 결정을 했을 때 막을 수 있는 장치도 꼭 필요하지.

그래서 헌법에는 대통령의 권한을 제한하고 견제하는 여러 방법이 정해져 있어. 먼저, 대통령은 취임할 때 이렇게 헌법 제69조에 따라 선서해.

"나는 헌법을 준수하고 국가를 보위하며 (…) 대통령으로서의 직책을 성실히 수행할 것을 국민 앞에 엄숙히 선서합니다."

이 선서는 헌법을 지키겠다는 약속이자, 책임의 시작이야.

그런데 만약 대통령이 헌법이나 법률을 어기거나 권한을 남용하면 어떻게 될까? 그럴 땐 탄핵이라는 제도를 통해 대통령을 자리에서 물러나게 할 수 있어. 먼저 국회가 탄핵소추안을 의결하고, 그다음 헌법재판소가 이를 심판해 대통령을 파면할지 결정하지.

2025년에는 윤석열 대통령이 비상계엄 선포 문제로 탄핵됐고, 헌법재판소가 이를 인용했어. 인용은 "그 말이 맞아요." 하면서 그 주장을 받아들인다는 뜻으로, 이를 통해 결국 윤석열 대통령은 자리에서 물러났지. 이처럼 **탄핵은 대통령의 잘못을 바로잡는 가장 강력한 견제 수단이야.**

여러 기관이
대통령을 견제할 수 있어

국회는 예산을 승인하고 정책을 감시해. 대통령이 정책을 내놔도, 국회가 승인하지 않으면 실행할 수 없어. 또 나라 살림을 제대로 관리했는지, 예산을 올바르게 썼는지 확인하는 것도 국회의 중요한 일이야.

법원도 대통령을 견제할 수 있어. 법원은 헌법에 어긋나는 법이나 국민의 권리를 침해하는 일을 그냥 넘기지 않고 꼼꼼히 따져 볼 권한이 있지. 예를 들어, 대통령의 명령 때문에 누군가 불이익을 받았다고 법원에 호소하면, 법원은 그 명령이나 처분이 헌법이나 법률에 맞는지 직접 판단할 수 있어. 만약 헌법에 어긋난다고 판단되면, 그 명령을 무효라고 선언할 수 있어. 이렇게 법원이 명령이나 규칙, 처분의 정당성을 따져 보는 권한을

'명령·규칙·처분 심사권'이라고 해.

언론과 시민도 대통령을 견제하는 데 큰 역할을 해. 언론은 대통령의 잘못을 국민에게 알리고, 시민은 여론을 만들거나 시위를 통해 목소리를 내지. 특히 2016~2017년 촛불시위처럼 많은 시민이 모여 행동하면, 대통령의 결정에 큰 영향을 줄 수 있어.

결국 대통령도 혼자서는 나라를 움직일 수 없어. 국회, 법원, 언론, 시민사회가 서로 견제하고 감시하며 민주주의를 지키는 거야. 이런 견제와 균형이 바로 민주주의의 핵심이야.

법원은 헌법을
어떻게 적용할까?

법을 만드는 일은 국회가 하고, 그걸 실행하는 건 정부라고

했는데, 그럼 법원은 무슨 일을 하는 곳이에요?

사람들이 싸우거나 문제가 생기면 법원이 판단해 준다고는

들었는데, 판사님은 어떤 기준으로 판단하는 거예요? 그냥

법 조항만 보고 결정하나요? 법원이 어떤 기준으로, 어떻게

헌법을 적용해서 판단하는지 알고 싶어요!

법원이 헌법을 어떻게 적용하는지 알려면 먼저 사법부가 어떤 일을 하는 곳인지부터 알아야 해.

국회는 법을 만들고, 정부는 그 법을 실행하지. 그런데 법을 적용하다가 사람들이 다투거나 문제가 생기면, 그걸 공정하게 해결해 주는 곳이 사법부, 즉 법원이야. 쉽게 말해, 법원은 '법으로 판단하는 심판소' 같은 곳이야.

헌법 제101조에는 "사법권은 법관으로 구성된 법원에 속한다."라고 나와 있어. 여기서 말하는 '법관'은 바로 판사를 말해. 판사는 재판을 통해 누가 옳은지, 어떤 법을 적용해야 하는지 결정하는 사람이야.

그럼 검사는? 많은 사람이 검사를 법원 소속으로 아는데, 사실 검사는 '검찰청'이라는 정부 기관에 속한 공무원이야. 검사는 범죄를 수사하고, 누군가 법을 어겼다고 판단되면 법원에 재판을 요청해. 쉽게 말해, 검사는 사건을 법정에 '가져오는 사람', 판사는 그 사건을 '판결하는 사람'이라고 보면 돼.

그럼 판사는
어떻게 판단할까?

판사는 심판처럼 어느 편에도 치우치지 않고, 법에 따라 공정하게 판단해야 해. 헌법 제103조에는 "법관은 헌법과 법률에 의하여 그 양심에 따라 독립하여 심판한다."라고 나와 있어. 즉 누구의 눈치도 보지 않고 오직 법과 자신의 양심으로 판결해야 한다는 거야.

옛날에는 판사가 정치적 압력을 받아 공정한 판결을 못 했던 사례도 있어. 예를 들어, 1970년대 유신정권 시절에 정부가 원하는 대로 판결을 내리도록 압박받은 사례가 있었지. 그래서 헌법은 판사의 신분을 특별히 보장해. 탄핵되거나 큰 범죄를 저지르지 않는 한 함부로 쫓아낼 수 없도록 한 거야. 이건 국민의 권리를 끝까지 지켜 주는 정의로운 판결을 위해 꼭 필요한 장치야.

우리나라 법원은 대법원, 고등법원, 지방법원으로 구성되어 있어. 대법원은 가장 높은 법원으로, 최종 판결을 내리는 곳이야. 대법원에는 여러 명의 판사가 있고, 그중 최고 책임자를 대법원장이라고 불러. 고등법원과 지방법원은 각각 항소심과 1심을 담당하지.

그럼 판사는 어떤 원칙에 따라 재판을 할까? 첫 번째는 공개 재판주의야. 헌법 제109조에는 "재판의 심리와 판결은 공개한다."고 나와 있지. 즉 재판은 국민 누구나 볼 수 있게 투명하게 진행해야 해. 다만, 국가 안보나 개인의 사생활이 너무 침해될 것 같을 때는 심리(재판 과정)만 비공개로 할 수 있어. 그래도 판결은 꼭 공개해야 해.

두 번째는 증거 재판주의야. 판사는 증거를 바탕으로만 판단해야 해. 아무리 누가 "그 사람이 범인이야!"라고 주장해도, 확실한 증거가 없으면 유죄라고 할 수 없어. 드라마에서 "심증은 있지만 물증이 없다."라고 하는 말, 들어 봤지? 아무리 의심스럽더라도 증거가 없으면 유죄라고 할 수 없는 거지. 예를 들어, 누군가 자백했더라도 그게 강제로 나온 거라면, 다른 증거가 있어야 유죄로 판단할 수 있어.

대부분의 재판은 3심제로 진행돼. 3심제는 판결에 불만이 있으면 더 높은 법원에 다시 판단을 요청할 수 있는 제도야. 지방법원 → 고등법원 → 대법원 순서로 올라가지.

하지만 모든 사건이 세 번 재판을 받을 수 있는 건 아니야. 예를 들어, 친구에게 돈을 빌렸다가 못 갚아서 다투는 민사 사건이나, 가게에서 물건을 훔친 절도 같은 형사 사건은 사건의 크기에 따라 1심이나 2심까지만 진행될 수도 있어. 사건의 종류나 중요도에 따라 다를 수 있는 거야.

이처럼 법원은 재판을 통해 헌법이 보장한 국민의 기본권을 지키고, 사회 질서를 유지하며, 정의를 실현하는 소중한 기관이야.

헌법재판소는
어떤 일을 할까?

국회도 있고, 법원도 있고, 정부도 있는데, 헌법재판소라는

기관은 왜 또 따로 만든 거예요? 헌법도 법인데 법원에서 똑

같이 처리하면 되는 일 아닌가요?

헌법재판이라는 제도는 1803년 미국에서 처음 시작됐어. 당시 미국은 독립한 지 얼마 안 된 신생국이었고, 헌법을 지키기 위해 사법부가 적극적으로 나서는 새로운 방식이 필요했지. 이처럼 법률이 헌법에 맞는지 법원이 심사하는 제도는 미국에서 시작해서, 이후 유럽과 전 세계로 퍼져나갔어. 특히 오스트리아에서는 1920년 헌법학자 한스 켈젠이 헌법재판소를 설계하면서, 일반 법원이 아닌 '특별한 헌법재판소'가 헌법재판을 전담하는 모델이 만들어졌고, 이 모델이 독일 등 여러 나라에 영향을 줬어. 제2차 세계대전 이후에는 민주주의와 인권을 지키기 위해 많은 나라가 헌법재판소를 두기 시작했어.

우리나라에서도 헌법재판제도는 1948년 제헌헌법에서 처음 도입됐어. 당시에는 '헌법위원회'라는 기관이 위헌법률심판을 맡았지만, 구성의 한계와 정치적 영향 등으로 실질적으로 잘 작동하지 못했어. 이후 여러 차례 제도 변화가 있었고, 1987년 민주화 운동을 계기로 1988년에 지금의 헌법재판소가 출범하게 되었어.

헌법재판소는 한마디로 법이나 국가의 결정이 헌법에 맞는지 판단하는 독립된 기관이야. 누군가 법 때문에 피해를 봤을 때, 그 법이 헌법에 어긋난다면 헌법재판소가 문제를 바로잡아 주는 거지.

헌법재판소가 하는 일은 크게 5가지야

첫째, 위헌법률심판이야. 어떤 사람이 재판을 받는데, 그 재판에 적용된 법 자체가 헌법에 어긋난다고 의심되면, 사건을 맡은 법원이 "이 법, 헌법에 맞는지 확인해 주세요!"라고 헌법재판소에 요청할 수 있어. 이걸 '위헌법률심사제청'이라고 해. 헌법재판소는 그 법이 정말 헌법을 어겼는지 꼼꼼히 따져 보고 판단해. 헌법재판소가 '위헌' 결정을 내리면, 그 법은 즉시 효력을 잃게 되지. 예를 들어, 2009년 인터넷에서 표현을 과도하게 제한하는 법이 문제가 됐어. 법원이 헌법재판소에 물었고, 헌법재판소는 "이 법은 표현의 자유를 침해해 위헌이에요."라고 결정했지.

둘째, 헌법소원심판이야. 국가나 공무원이 국민의 기본권을 침해했다고 느낄 때, 국민이 직접 헌법재판소에 "이건 헌법 위반이에요!"라고 청구할 수 있어. 예를 들어, 2013년 교도소에서 수감자와 변호사의 대화를 몰래 녹음한 사건이 있었어. 헌법재판소는 "이건 사생활을 침해한 거야."라며 위헌이라고 판단했지. 또 재판에서 적용된 법이 너무 불공평하다고 느낄 때도 헌법소원을 요청할 수 있어. 단, 헌법소원은 다른 방법으로 문제를 해결할 수 없을 때 마지막으로 쓰는 수단이야.

셋째, 탄핵심판이야. 대통령이나 고위 공무원이 헌법이나 법률을 어겼을 때, 그 사람이 계속 그 자리에 있어도 되는지 판단하는 거야. 2017년 박근혜 대통령의 국정농단 사건으로 탄핵심판이 열렸고, 헌법재판소가 '파면'을 결정했지. 그리고 2025년에는 윤석열 대통령이 국회에 군대를 투입하는 등 헌법을 어겼다는 이유로 탄핵심판을 받았고, 헌법재판소는 재판관 전원일치로 파면을 결정했어.

넷째, 정당해산심판이야. 정당이 헌법에 어긋나는 활동을 하거나 민주주의를 위협하면, 헌법재판소가 그 정당을 해산할 수 있어. 2014년에는 통합진보당이 북한 관련 활동으로 민주적 질서를 해친다고 판단돼 해산됐어.

다섯째, 권한쟁의심판이야. 국가기관이나 지방자치단체가 서로 "이건 내 권한이야!" 하고 다툴 때, 헌법재판소가 헌법 기준에 따라 누가 어디까지 할 수 있는지를 판단해 줘. 예를 들어, 2019년 서울시가 국회의 법률 제정으로 인해 "지방자치 권한을 침해당했다."며 헌법재판소에 심판을 요청했어. 헌법재판소는 헌법을 보고 "이건 시청의 권한이 맞아요."라고 정리해 줬지. 이렇게 헌법재판소는 기관들 사이에서 공정한 심판 역할을 해.

헌법재판소는 겉으로 합법처럼 보이는 잘못된 법이나 제도를 헌법에 맞게 고치는 곳이야. 국민의 기본권을 지키고, 사회가 헌법이라는 기준 안에서 공정하게 움직이도록 지켜보는 역할을 하지. 이처럼 헌법재판소는 조용하지만 아주 중요한 일을 하는, 헌법의 마지막 수호자 같은 소중한 존재야!

감사원은 왜 독립적인 헌법기관일까?

감사원은 경찰도 아니고, 법원도 아니고, 정부 부처도 아니라면서요? 그런데도 정부가 제대로 일하는지 확인하고, 잘못된 부분을 바로잡는 역할을 한다고 하니 '이 기관은 도대체 어떤 곳일까?' 궁금해졌어요.

〈감사합니다〉라는 드라마, 혹시 본 적 있어?

제목만 보면 누군가에게 '고맙습니다.'라고 말하는 것 같아서 따뜻한 느낌이 들지? 그런데 여기서 말하는 감사는 고맙다는 뜻의 감사가 아니라, 제대로 일을 했는지 잘 살펴서 조사한다는 뜻의 감시야. 그렇게 생각하니, 갑자기 뭔가 잘못을 들켜서 조사받는 상황이 떠올라서 긴장된다고?

국가기관이나 공무원을 감사하는 곳이 바로 감사원이야. 그런데 감사원은 다른 기관과 좀 달라. 정부(대통령) 소속이지만, 헌법에 의해 독립적인 지위를 보장받는 헌법기관이거든. 그렇다면 왜 이렇게 따로 떨어져서 활동해야 할까? 또 감사원은 구체적으로 어떤 일을 할까?

앞서 입법부는 법을 만들고, 행정부는 그 법을 집행한다고 배웠지? 행정부는 나라 살림을 직접 운영하는 곳이라, 국민의 세금을 가장 많이 쓰고, 가장 많은 일을 처리해. 그래서 세금이 어떻게 걷히고 어디에 쓰였는지 꼼꼼히 확인하는 게 정말 중요해. 여기서 헷갈릴 수 있는데, 예산을 정하고 승인하는 일은 국회가 하고, 그 예산이 계획대로 잘 쓰였는지 확인하는 일은 감사원이 해. 이 일을 '회계 검사'라고 불러. 쉽게 말해, 국회는 "이렇게 돈을 쓰세요!" 하고 정하고, 감사원은 "정말 그렇게 잘 썼나?"를 검사하는 거야.

또 하나 감사원의 중요한 역할은 '직무 감찰'이야. 이건 공무원이나 국가기관이 맡은 일을 제대로 했는지 조사하는 거야. 예를 들어, 어떤 지방자치단체에서 공무원이 공사비를 부풀려서 예산을 빼돌렸다는 의혹이 생기면, 감사원이 직접 조사해서 "이건 잘못됐어요!"라고 밝히고, 잘못을 바로잡도록 하는 거지.

이처럼 회계 검사와 직무 감찰, 두 가지 역할에서 한 글자씩 따서 '감사원'이라는 이름이 만들어졌어. 그래서 감사원은 늘 철저하고 공정해야 해. 잘못을 찾으면 바로잡게 하고, 낭비된 예산은 돌려받게 하고, 심하면 검찰 같은 사법기관에 고발하기도 해.

이런 일을 하려면 다른 기관의 눈치를 보면 안 되겠지? 그래서 헌법 제97조는 감사원을 대통령 밑에 두되, 독립적으로 활동할 수 있게 보장하고 있어. 대통령이나 다른 기관의 간섭을 받지 않고, 오직 국민과 나라를 위해 공정하게 감사할 수 있도록 만든 거야. 감사원장은 대통령이 임명하지만, 국회의 동의를 받아야 하고, 감사위원들도 임기와 신분이 보장돼 있어.

감사원은 조선 시대의 암행어사와 비슷한 면이 있어. 암행어사가 백성의 억울함을 풀어 주고 부패한 관리를 혼내 줬다면, 감사원은 국민을 대신해 정부의 잘못을 바로잡고 나라 살림을 지키는 역할을 해. 그래서 감사원을 '현대판 암행어사'라고 부르기도 하지.

감사원은 매년 나라 살림이 제대로 운영됐는지 정리한 보고서를 대통령과 국회에 제출해야 해. 이게 헌법 제99조에서 말하는 '결산보고'야. 예를 들어, 한 부처가 예산을 계획보다 훨씬 많이 썼다면, 감사원이 '왜 이렇게 됐는지' 조사하고, 다음엔 그런 일이 없도록 지시하지.

공무원에게는 감사원이 무섭거나 불편한 존재로 느껴질 수도 있어. 하지만 국민 입장에서는 정말 고마운 곳이야. 우리가 낸 세금이 낭비되지 않도록 감시해 주고, 공무원이 맡은 업무를 제대로 하는지 확인해 주니까! 감사원은 나라의 재정과 행정이 투명하고 공정하게 관리되도록 돕는 중요한 헌법기관이야.

선거관리위원회는 공정과 중립성을 어떻게 지킬까?

헌법을 공부하면서 선거관리위원회가 선거를 관리하는 곳이라는 걸 알게 됐어요. '민주주의의 꽃'인 선거는 국민의 대표를 뽑는 중요한 과정이잖아요. 그 과정에서 공정성과 중립성을 지키는 게 정말 중요할 것 같은데, 선거관리위원회는 어떻게 그걸 지키나요? 혹시 정치적인 압력이나 외부의 간섭을 받을 가능성은 없나요?

　　인터넷 댓글을 보거나 친구들과 이야기하다 보면, 선거관리위원회를 대통령 소속의 행정기관으로 아는 경우가 꽤 많더라. 하지만 선거관리위원회는 교육부나 국방부 같은 행정기관이 아니야. 선거관리위원회는 헌법 제114조에 명시되어 있는 헌법기관이야. 즉 국회, 법원, 헌법재판소처럼 행정부와는 독립된 기관이지.

　　그렇다면 왜 선거관리위원회를 독립된 헌법기관으로 만들었을까? 그 배경에는 우리나라 민주주의의 아픈 역사, 1960년 3·15 부정선거가 있어. 당시 이승만 정부와 집권당은 투표함을 바꾸고, 가짜 투표지를 넣는 등 선거를 조작했어. 이 사건은 국민의 큰 분노를 일으켰고, 결국 부정부패, 부정선거 등에 항거하여 전국적으로 민주화 운동이 일어났어. 이를 4·19 혁명이라고 해. 그래서 다시는 이런 일이 반복되지 않도록, 헌법에서 중앙선거관리위원회를 독립된 기관으로 규정한 거야. 공정한 선거는 민주주의의 뿌리니까!

 중앙선거관리위원회를 중심으로, 시·도, 구·시·군, 읍·면·동까지 총 4단계로 조직되어 있지.

정치적 중립성도 정말 중요해. 특정 정당이나 후보를 편들면 절대 안 되지. 그래서 위원도 편향되지 않도록 구성돼. 예를 들어, 중앙선거관리위원회 위원 아홉 명은 대통령, 국회, 대법원장이 각각 세 명씩 추천해서 임명해. 이런 구조 덕분에 어느 한쪽이 선거를 좌지우지할 수 없게 막을 수 있지.

선거관리위원회는 선거법 위반을 감시하고, 후보자 정보를 유권자에게 정확히 전달해 줘. TV 토론회를 열거나 공보물을 보내는 것도 그런 일 중 하나야. 예를 들어, 2022년 대통령 선거 때 선관위는 거짓 정보를 퍼뜨린 후보 측 사람들을 조사했고, 불공정한 선거 현수막은 바로 떼어 내게 했어. 이런 활동은 다 선거의 공정성을 지키기 위한 거야.

선거관리위원회는 선거만 관리할까? 아니야! 국민투표, 주민투표, 주민소환투표도 선관위가 맡아. 예를 들어, 어떤 시장이 부정행위를 저질렀고, 주민들이 주민소환투표를 청구하면 선거관리위원회가 그 투표를 관리하고 진행해. 또한, 농협이나 산림조합 같은 위탁선거도 관리하지. 우리 일상 곳곳에서 깨끗한 선거가 이루어지도록 돕는 거야.

이처럼 선거관리위원회는 누구의 눈치도 보지 않고, 국민이 믿을 수 있는 선거를 만들기 위해 존재해. 민주주의가 제대로 뿌리내리려면 선거가 공정해야 하고, 그 선거를 책임지는 선거관리위원회도 공정하고 중립적이어야 하지. 그러니까 선관위는 민주주의의 든든한 지킴이 같은 소중한 기관이야!

헌법이 우리를 지켜 줄 수 있을까?

1. 가짜 뉴스를 막는 것도 표현의 자유를 침해하는 걸까?

2. 학교에서 나의 권리는 헌법으로 보장될까?

3. 헌법이 차별을 막아 줄 수 있을까?

4. 개인의 신념이 법보다 중요할 수 있을까?

5. 남자와 여자는 헌법에서 어떻게 평등할까?

6. 경찰이 체포할 때 꼭 말해야 하는 문구는 왜 중요할까?

7. 온라인에 단 댓글 때문에 벌을 받을 수도 있을까?

8. 서로의 권리가 충돌하면, 어떻게 해결할 수 있을까?

가짜 뉴스를 막는 것도
표현의 자유를 침해하는 걸까?

얼마 전 친구들과 한 연예인 관련 뉴스에 대해 이야기하다가 의견이 엇갈렸어요. 한 친구는 인터넷에서 본 뉴스가 사실이라고 했고, 다른 친구는 가짜 뉴스일 수도 있다고 했거든요. 하지만 그 뉴스가 진짜인지 가짜인지 확인하기가 쉽지 않았어요. 만약 사람들이 가짜 뉴스를 믿고 잘못된 결정을 내린다면 어떤 일이 벌어질까요? 그리고 정부가 가짜 뉴스를 막는다면 '표현의 자유'가 침해될 수도 있을까요?

가짜 뉴스는 말 그대로 사실이 아닌 내용을 담은 뉴스야. 완전히 터무니없는 이야기를 지어내거나, 사실을 부풀리거나 줄여서 보도하는 경우도 있지. 겉으로는 진짜 뉴스처럼 보이지만, 사실이 아니라는 점에서 큰 문제를 일으킬 수 있어. 가짜 뉴스는 단순한 장난이 아니야. 누군가 의도적으로 만들어 퍼뜨리면 사람들의 판단을 흐리게 하고 사회에 엄청난 영향을 미칠 수도 있어.

가짜 뉴스라는 개념은 1920~30년대 독일에서 나치가 자신들을 비판하는 언론을 '거짓말쟁이 언론'이라고 부르며 탄압하면서 본격적으로 등장했어. 그 후로도 독재 정권은 자신들에게 불리한 뉴스를 가짜 뉴스라고 몰아붙여 언론을 통제하려 했지. 최근에는 2016년 미국 대선에서 가짜 뉴스가 전 세계적으로 큰 문제가 됐어. 특히 유럽의 작은 나라인 마케도니아의 10대 청소년들이 돈을 벌기 위해 도널드 트럼프와 관련된 가짜 뉴스를 만들어 인터넷에 퍼뜨렸고, 이런 뉴스가 SNS를 통해 빠르게 확산됐어. "교황이 트럼프를 지지한다."는 터무니없는 소문이나 "트럼프가 외계인과 비밀 회담을 했다." 같은 황당무계한 이야기를 퍼뜨린 거야. 자극적인 뉴스일수록 조회 수가 높고, 광고 수익도 커졌기 때문이지. 연구에 따르면, 가짜 뉴스는 진짜 뉴스보다 여섯 배나 빨리 퍼진다고 해.

가짜 뉴스의 확산에는 유튜브나 SNS의 추천 알고리즘도 큰 역할을 해. 이 알고리즘은 뉴스의 진위 여부를 따지지 않고 사람들이 호응하는 자극적인 내용을 더 널리 퍼뜨려서 결국 누구의 잘못인지 따지기도 어렵게 만들어. 그래서 인터넷과 SNS에 떠도는 정보에 대해 국가가 적절한 규제를 해야 한다는 목소리가 커지고 있어.

하지만 국가가 '가짜 뉴스'를 판단하고 단속한다면 문제가 생길 수 있어. 정부가 의사 표현을 통제하거나 처벌까지 결정할 권력을 가지면, 표현의 자유가 침해될 가능성이 크거든. 실제로 유럽 여러 나라와 헝가리, 그리스 등에서는 가짜 뉴스 규제법이 도입됐지만, 허위정보의 정의가 모호하고, 정부나 사기업이 임의로 판단할 수 있다는 이유로 표현의 자유 침해 논란이 컸어.

가짜 뉴스를 규제해야 한다는 쪽에서는 이렇게 말해. 가짜 뉴스는 단순한 거짓말이 아니라 여론을 왜곡하고 사회를 혼란스럽게 할 수 있는 심각한 문제라고. 특히 선거, 방역, 경제처럼 중요한 사안에서 잘못된 정보가 퍼지면 많은 사람이 피해를 볼 수 있기 때문에 엄격한 단속과 강한 처벌이 필요하다고 말하지. 예를 들어, 2020년 코로나19 팬데믹 때 "마스크가 바이러스를 막지 못한다."는 가짜 뉴스가 퍼져서 방역에 큰 혼란이 생겼어. 그래서 가짜 뉴스를 강하게 단속하고, 퍼뜨린 사람을 엄하게 처벌해야 한다는 거야.

반면, 규제하면 안 된다는 쪽에서는 이렇게 주장해. 정부가 가짜 뉴스 단속을 핑계로 자신들에게 불리한 비판까지 막을 수 있다고. 표현의 자유는 민주주의의 핵심이기 때문에 정부가 뉴스를 검열하면 더 큰 문제가 생길 수 있지. 실제로 러시아, 싱가포르 등에서는 가짜 뉴스 규제법이 정부 비판을 막는 수단으로 쓰인 사례가 있었어. 그래서 가짜 뉴스를 막는 대신, 시민들이 정보를 스스로 판단할 수 있도록 미디어 리터러시 교육을 강화하는 게 더 바람직하다는 의견도 있어. 프랑스, 미국 등에서는 학교에서 미디어 리터러시 교육을 정규과정에 포함시키거나, 팩트체크와 정보 출처 구별법을 가르치는 다양한 프로그램을 운영하고 있어.

결국 **가짜 뉴스는 반드시 막아야 하지만, 정부가 직접 나서서 단속하면 표현의 자유를 해칠 수도 있어.** 그래서 명백한 명예훼손이나 사회적 혼란을 일으키는 가짜 뉴스만 법으로 처벌하고, 나머지는 시민이 스스로 판단할 수 있도록 교육하고 가이드라인을 만들어야 한다는 의견이 많아.

그렇다면 우리는 어떻게 가짜 뉴스의 위험을 줄이면서도 표현의 자유를 지킬 수 있을까? 이 질문에 대한 답을 찾는 것이야말로 우리 사회가 함께 고민해야 할 숙제야.

학교에서 나의 권리는 헌법으로 보장될까?

얼마 전, 학급 회의에서 휴대폰 사용 문제로 친구들 사이에 논쟁이 벌어졌어요. 학교 규칙에 따라 등교하면 선생님이 학생들의 휴대폰을 수거하는데, 한 친구가 "쉬는 시간이나 점심시간에는 돌려받아 사용할 수 있도록 하자."라는 의견을 냈거든요. 친구들은 이에 대해 저마다의 생각을 이야기했고, 나중에는 "규칙은 자유권을 어디까지 제한할 수 있나?" 같은 이야기도 나왔어요. 규칙도 중요하고 자유권도 중요한데, 학교에서 학생의 권리는 어디까지 보장될 수 있을까요?

이 질문의 답을 찾으려면 먼저 헌법이 뭔지 살펴봐야 해. 앞에서 헌법은 최고의 법이고, 국민의 기본적인 권리를 보장한다고 배웠잖아. 그렇다면 학생도 국민이니까 당연히 학교에서도 헌법이 학생의 권리를 보호해 주겠지?

실제로 헌법이 학교에서 적용된 사례는 많아. 몇 년 전, 한 고등학생이 교복 대신 사복을 입게 해달라고 서명 운동을 벌였는데, 선생님이 "학생이 이런 활동하면 안 돼!"라며 막았어. 하지만 그 학생은 "헌법에서 보장하는 표현의 자유가 있는데 왜 못 해요?"라고 맞섰지. 이 일은 법원까지 갔고, 법원은 학생의 표현의 자유를 인정해 줬어. 또, 학생이 학교 게시판에 자신의 의견을 담은 글을 붙였는데 학교가 이를 철거한 사건에서도, 국가인권위원회는 "학생의 표현의 자유를 침해한 것"이라고 결정했어. 이처럼 헌법은 학교 안에서도 학생들의 권리를 보호해 주고 있어.

하지만 모든 권리가 무조건 다 보장되는 건 아니야. 헌법 제

37조 2항에는 **"국민의 모든 자유와 권리는 국가안전보장·질서 유지 또는 공공복리를 위해 필요한 경우 법률로 제한할 수 있다."**라고 나와 있어. 쉽게 말해, 학생들의 권리도 학교의 질서를 위해 어느 정도 제한될 수 있다는 뜻이야. 예를 들어, 헌법은 자유롭게 휴대폰을 사용할 권리를 보장하지만, 수업에 방해가 된다면 학교가 이를 제한할 수 있지. 다만, 그 제한이 너무 심하거나 기본권을 크게 침해하면 문제가 될 수 있어.

그럼 학교 규칙은 어디까지 학생들의 권리를 제한할 수 있을까? 또 학생은 어떤 권리를 주장할 수 있을까? 학교에서 자주 발생하는 일을 살펴보면 더 이해하기 쉬울 거야.

많은 학교에서 등교하면 학생들의 휴대폰을 아예 수거해. 이에 대해 어떤 친구들은 '수업 시간에 방해가 될 테니 당연한 거 아니야?'라고 생각하지만, 다른 친구들은 '쉬는 시간이나 점심 시간엔 휴대폰을 사용할 권리가 있지 않아?'라고 반대하지. 헌법 제17조는 "사생활의 비밀과 자유를 보장"하니까, 학생들도 휴대폰을 자유롭게 사용할 권리가 있다고 볼 수 있어. 하지만 학교는 교육 환경을 지키기 위해 규칙을 만들었고, 이게 헌법을 어기는 건지, 아니면 필요한 제한인지가 문제야.

이를 판단하려면 다음과 같은 내용을 확인해야 해. 첫째, 교육의 목적을 달성하기 위해 정말로 필요한 제한인가? 둘째, 덜 제한적인 다른 방법은 없는가? 셋째, 제한으로 얻는 이익이 잃는 자유보다 더 큰가? 이를 통해 그 제한이 헌법에 부합하는지 아닌지 판단할 수 있을 거야.

이처럼 헌법은 학교에서 학생들의 권리를 보장해. 하지만 꼭 기억해야 할 게 있어. 권리에는 항상 책임이 따른다는 것이야. 자유롭게 행동할 권리가 있다면, 다른 사람의 권리를 침해하지 않도록 조심해야 해. 결국 헌법이 보장하는 나의 권리도 중요하지만, 학교의 질서와 다른 사람의 권리도 함께 생각해야 해. 이 균형을 잘 맞추는 게 중요해!

헌법이 차별을 막아 줄 수 있을까?

폭력이나 차별은 주변에서 생각보다 자주 보게 돼요. 어떤 사람이 직장에서 부당하게 해고되거나, 특정 이유로 차별을 받았다는 뉴스를 본 적이 있어요. 이런 일이 생기면 많은 사람이 화를 내고 "이건 불공평해!"라고 말하죠. 그렇다면 헌법이 이런 차별을 막아 줄 수 있나요?

　헌법이 폭력이나 차별을 직접 막아 주는 건 아니야. 헌법은 나라에서 가장 중요한 법으로, 기본적인 원칙과 기준을 정하는 역할을 해. 그래서 구체적인 사건 하나하나를 직접 해결해 주진 않아.

　하지만 헌법이 아무 역할도 하지 않는 건 아니야. 헌법은 모든 국민이 평등하고, 차별받지 않으며 부당한 대우를 받지 않도록 보장하고 있어. 헌법 제11조 1항에는 "모든 국민은 법 앞에 평등하다. 누구든지 성별, 종교, 사회적 신분에 의하여 정치적·경제적·사회적·문화적 생활의 모든 영역에 있어서 차별을 받지 아니한다."고 명시되어 있어. 헌법이 정한 이러한 평등권을 바탕으로, 차별과 폭력을 막기 위한 구체적인 법과 제도가 만들어지는 거야.

　만약 같은 일을 하는데 월급에서 차이가 있다면 어떨까? 그건 명백한 차별이야. 근로기준법이나 남녀고용평등법 같은 구체적인 법률은 헌법의 평등권을 바탕으로 차별을 금지하고 있어. 만약 이러한 차별이 발생하면, 고용노동부나 국가인권위원회 같은 기관이 조사해서 시정 명령을 내리거나, 법에 따라 처벌할 수도 있어.

장애가 있는 사람이 일자리를 구할 때 불이익을 받는 것도 차별이야. 헌법에서는 누구나 평등하다고 하지만, 현실에서는 장애가 있다는 이유로 어려움을 겪는 경우가 많았어. 그래서 2007년에 장애인차별금지법이 만들어졌고, 이 법은 장애인이 직장을 구하거나 학교, 병원 같은 시설을 이용할 때 차별받지 않도록 보호해 줘. 헌법이 직접 나서서 차별을 막는 건 아니지만, 헌법이 있었기 때문에 이런 법들이 만들어질 수 있었던 거지.

하지만 **헌법과 법이 있다고 해서 차별이 완전히 사라지는 건 아니야. 여전히 사회 곳곳에서 누군가는 부당한 대우를 받고, 힘이 센 사람이 약한 사람을 괴롭히는 일도 벌어지고 있어.**

헌법이 진짜 힘을 발휘하려면, 우리가 그 법을 알고 적극적으로 활용해야 해. 또한, 헌법이 제대로 작용하려면 사람들이 지속적으로 관심을 가져야 해. 사회가 변하면서 새로운 차별의 형태가 나타날 수도 있는데, 그럴 때마다 헌법이 지켜야 할 가치를 고민하고 더 나은 법과 제도를 만들려는 노력이 필요해.

　헌법은 차별과 폭력을 막기 위해 존재하지만, 결국 우리가 그 힘을 잘 활용할 때 더 나은 사회를 만들 수 있다는 것, 꼭 기억해 두자!

개인의 신념이 법보다 중요할 수 있을까?

군대에 가는 건 법으로 정해져 있다고 배웠어요. 그런데 종교나 신념을 이유로 군대를 거부하는 사람들이 있다고 하더라고요. 어떤 사람은 양심의 자유가 중요하다고 하고, 어떤 사람은 모든 국민이 국방의 의무를 다해야 한다고 해요. 그렇다면 법보다 개인의 신념이 더 중요할 수도 있는 건가요? 그렇다면 정말 군대에 가지 않아도 되는 거예요?

군대를 배경으로 한 드라마나 영화를 본 적이 있을 거야. 우리나라에서 '국방의 의무'는 아주 익숙한 개념이지. 헌법 제39조 제1항에도 "모든 국민은 법률이 정하는 바에 따라 국방의 의무를 진다."고 나와 있어. 쉽게 말해, 대한민국 국민이라면 누구나 나라를 지키기 위한 의무를 다해야 한다는 뜻이야.

그런데 군대에 가야 한다고 법으로 정해져 있어도, 양심이나 종교적인 이유로 입대를 거부하는 사람들이 있어. 이들을 '양심적 병역 거부자'라고 불러. 양심적 병역 거부는 헌법 제19조에 명시된 국민의 기본권인 '양심의 자유'에 근거한 행동이야. 쉽게 말해, 어떤 사람이 자신의 신념이나 종교적인 이유로 "나는 군대에 갈 수 없어요."라고 주장하는 것이지. 그렇다면 이런 사람들은 어떻게 될까? 법을 어겼다고 처벌을 받을까, 아니면 군대에 안 가도 괜찮을까?

문제는 헌법이 '양심의 자유'를 보장하면서도 '국방의 의무'를 분명히 정하고 있다는 거야. 그래서 개인의 신념을 지키는 자유와 모든 국민이 함께 지는 국방의 의무가 서로 충돌하는 상황이 생기는 거지.

양심적 병역 거부를 허용해야 한다는 쪽에서는 이렇게 주장해. 헌법이 보장하는 '양심의 자유'는 개인의 핵심 권리라, 이를 처벌로 막아선 안 된다고. 국가가 사람의 마음까지 억지로 강요할 순 없다는 거야.

반대로, 양심적 병역 거부를 허용하면 안 된다는 쪽에서는 이렇게 반박해. 국방의 의무는 모든 국민에게 주어진 중요한 책임이라, 개인이 마음대로 선택할 수 없다고. 만약 양심을 이유로 군대를 안 가는 사람이 많아지면, 군대가 약해지고 국가 안보가 위협을 받을 수도 있겠지.

이 논쟁은 한국뿐 아니라 전 세계에서 오래전부터 계속돼 왔어. 특히 종교적 이유로 총을 들 수 없다고 주장하는 사람들이 많았고, 일부 국가는 이런 주장을 받아들여 군 복무 대신 다른 방식으로 국가에 기여할 수 있도록 '대체복무제'를 운영하고 있어. 예를 들어, 독일은 유치원, 양로원, 재난 구조대 등 복지 분야에서 대체복무를 인정했고, 그리스, 러시아, 타이완 등도 현역보다 긴 기간 동안 경찰, 소방, 병원 등에서 대체복무를 하도록 하고 있어.

우리나라에서도 양심적 병역 거부는 오랜 논란거리였어. 2002년 헌법재판소에서 처음으로 이 문제가 다뤄졌고, 이후 세 차례에 걸쳐 "병역법은 헌법에 위배되지 않는다."는 합헌 결정이 내려졌어. 즉 양심적 병역 거부자도 국방의 의무를 져야 하고, 군대를 거부하면 처벌받아야 한다는 거였지.

하지만 2018년 6월 28일, 헌법재판소는 새로운 결정을 내렸어. "양심적 병역 거부자들을 위한 대체복무제를 마련하지 않은 것은 그들의 양심의 자유를 침해하는 것"이라고 본 거야. 이 결정 이후, 대법원도 "진정한 양심에 따른 병역 거부"는 정당한 사유가 있는 병역 거부로 인정해 무죄 판결을 내리기 시작했어. 2020년에 대체복무제가 시작됐고, 이제 양심적 병역 거부자는 군대 대신 교도소, 소방서, 병원에서 대체복무요원으로 일하며 국방의 의무를 다할 수 있게 되었어. 하지만 '개인의 신념과 국가의 의무 중 무엇이 더 중요한가?'에 대한 고민은 여전히 계속되고 있어.

남자와 여자는 헌법에서 어떻게 평등할까?

얼마 전 친구들과 남녀평등과 관련된 영화를 봤어요. 영화 속에서는 여성이 특정 직업을 갖기 어렵거나, 그 일을 남성만 해야 하는 것처럼 묘사된 장면들이 나왔어요. 영화를 본 친구들은 "지금은 남녀평등 사회 아니야? 그런데 왜 아직도 영화에 이런 사례가 나올까?"라고 물었어요. 영화를 보기 전에는 별생각이 없었는데, 알고 보니 남녀평등이 완벽하게 이루어진 건 아닌 것 같더라고요. 그렇다면 헌법에서는 남자와 여자가 어떻게 평등하다고 말하고 있나요? 평등하다는 게 무조건 똑같아야 한다는 뜻인가요?

　많은 사람이 남녀평등을 '남자와 여자가 모든 면에서 완전히 똑같아야 한다.'는 것으로 생각하곤 해. 하지만 평등은 단순히 똑같이 대하는 게 아니라, 서로의 다름을 인정하면서 동등한 권리를 보장하는 거야.

　헌법 제11조에는 "모든 국민은 법 앞에 평등하다. (…) 모든 영역에 있어서 차별을 받지 아니한다."라고 나와 있어. 쉽게 말해, 남자든 여자든 법적으로 차별을 받지 않아야 한다는 뜻이야. 하지만 평등하다고 해서 무조건 같은 대우를 해야 한다는 건 아니야. 예를 들어, 여성과 남성이 동일한 기준으로 체육 시험을 본다면 공정할까? 남녀의 신체적 차이를 고려하지 않고 같은 무게의 역기를 들어야 한다면, 정말 평등한 걸까?

　그래서 **헌법은 그저 '똑같이 대하는 것'이 아니라, 차이를 인정하면서 차별하지 않는 것을 목표로 해. 이것을 '실질적 평등'이라고 해. 실질적 평등이란, 겉으로만 똑같이 대우하는 '형식적 평등'을 넘어서, 실제로 불리한 처지에 있는 사람에게 더 많**

은 지원이나 보호를 제공해 진짜 평등을 이루려는 거야.

그런데 헌법이 이렇게 평등을 보장해도, 현실에서 남녀평등이 완전히 이루어졌다고 보긴 어려워. 예를 들어, 2022년 OECD의 조사에 따르면 한국의 여성 근로자는 남성보다 평균 31.2% 적은 임금을 받은 걸로 나왔어. 또, 가사 노동이나 육아는 주로 여성이 해야 한다는 고정관념도 여전히 남아 있지.

이런 차별을 없애기 위해, 헌법을 바탕으로 남녀고용평등법 같은 법이 만들어졌어. 이 법에서는 같은 일을 하면 같은 임금을 받아야 하고, 성별을 이유로 직장에서 차별해서는 안 된다고 정하고 있어. 예를 들어, 2023년 한 기업에서 여성 직원만 승진 대상에서 제외된 사건이 있었는데, 국가인권위원회가 "성별을 이유로 한 차별"이라고 판단하고 시정을 권고한 사례도 있어.

그렇다면 남녀가 똑같은 역할을 해야 평등일까? 이건 남녀평등에 대한 흔한 오해야. 남녀는 신체적·생물학적 차이가 있고, 각자의 강점과 능력도 달라. 그렇다면 오히려 이러한 차이를 인정하고, 각자의 능력을 발휘할 수 있도록 도와주는 것이 더 평등한 사회 아닐까? 예를 들어, 출산은 여성이 하는 일이지만 이를 지원하지 않고 "남녀 똑같이 일해야지."라고 하면 공정하지 않을 수 있어. 그래서 법에서는 출산휴가나 육아휴직 같은 제도를 만들어서, 여성뿐만 아니라 남성도 가정에서 역할을 할 수 있도록 하고 있어.

또, 우리나라에서는 남성만 의무적으로 군대에 가는 게 평등한지에 대한 논의도 계속되고 있어. 어떤 사람들은 "여성도 군대에 가야 진정한 평등이야."라고 말하지만, 다른 사람들은 "신체적 차이와 사회적 역할을 고려해야 해."라고 반박해. 이런 논의를 통해 점점 더 공정한 방향을 찾아가는 게 중요하겠지.

헌법은 남녀평등을 분명히 보장하지만, 현실에서 완전히 이루어지려면 우리 모두의 인식 변화가 필요해. 아직도 "남자는 강해야 해.", "여자는 조용하고 순해야 해." 같은 편견이나, 직업이나 역할을 성별로 나누는 고정관념이 남아 있지. 선생님이나 간호사는 여성에게 적합하고 경찰은 남성에게 적합하다는 식의 생각 말이야.

진정한 평등은 서로의 차이를 존중하면서 동등한 기회를 보장하는 거야. 그러려면 학교, 직장, 가정에서 성별 고정관념을 깨고, 누구에게나 공정한 기회를 주어야 해.

경찰이 체포할 때 꼭 말해야 하는 문구는 왜 중요할까?

TV 속 뉴스나 드라마에서 경찰관이 범인을 잡으면 항상 하는 말이 있어요. "당신을 ○○ 혐의로 체포합니다. 불리한 진술은 거부할 수 있고 변호인을 선임할 권리가 있습니다." 그런데 범인을 체포하기도 바쁜 와중에 왜 이 말을 하는 걸까요? 왜 경찰관들이 모두 똑같은 말을 하는 거예요?

경찰이 범인을 체포할 때 꼭 하는 말이 있지. "당신에게는 묵비권이 있으며, 변호사를 선임할 권리가 있습니다. 당신이 하는 모든 말은 법정에서 불리하게 사용될 수 있습니다." 이 문장은 단순한 절차가 아니야. 범죄 용의자, 즉 피의자의 권리를 보호하기 위한 아주 중요한 원칙이야. 이걸 '미란다 원칙'이라고 해.

이 원칙에는 정말 중요한 의미가 있어. 쉽게 말해, "지금 당신이 범죄를 저질렀다고 의심돼서 체포하지만, 당신에게도 스스로 무죄라고 주장할 권리가 있어요."라는 뜻이야.

미란다 원칙은 한 사람의 이름에서 따왔어. '미란다'는 미국에서 끔찍한 범죄를 저지른 범인의 이름이야. 그런데 지금은 그의 이름이 피의자의 인권을 상징하는 원칙으로 역사에 남았다니, 아이러니하지 않아?

1963년 미국 애리조나주에서 18세 소녀가 성폭행을 당하는 사건이 있었어. 며칠 뒤 경찰은 피의자인 에르네스토 미란다를 체포했고, 그는 두 시간 만에 범행을 인정했어. 하지만 이후 재판에서 미란다는 "경찰이 내 권리를 전혀 알려 주지 않았다."며 자백을 번복했지. 결국 이 사건은 미국 연방대법원까지 갔어.

1966년 연방대법원은 미란다의 손을 들어 줬어. 피의자가 묵비권과 변호사 선임권을 안내받지 않은 상태에서 한 자백은 법적으로 효력이 없다고 판단한 거야. 그래서 미란다는 풀려났지. 이 판결 덕분에 '미란다 경고'라는 절차가 생겼어. 이제 경찰은 체포하거나 조사할 때 반드시 이 권리를 알려 줘야 해. 이렇게 피의자도 인간으로서 정당한 권리를 보장받게 된 거야.

우리나라에서도 이 원칙을 잘 지키고 있어. 헌법 제12조 제2항에는 "누구든지 체포 또는 구속을 당할 때에는 그 이유와 변호인의 조력을 받을 권리가 있음을 고지받는다."고 나와 있어. 또 제12조 제2항은 피의자가 묵비권을 가졌다고 명시하고 있지. 만약 경찰이 이 권리를 알려 주지 않고 체포하거나 조사하면, 그 과정에서 얻은 증거는 법정에서 사용할 수 없게 돼. 절차가 공정하지 않으면 진실을 찾는 과정도 믿을 수 없다고 보기 때문이야.

그런데 대법원 판결 이후 미란다는 어떻게 됐을까? 사실 미란다는 평탄한 삶을 살지 못했어. 다른 범죄로 다시 체포돼 유죄 판결을 받고 교도소에 갔거든. 가석방된 뒤에는 미란다 원칙이 적힌 카드에 사인을 해서 팔며 생활했지만, 1976년 술집에서 싸움을 벌이다가 칼에 찔려 죽었어. 그를 살해한 범인도 체포될 때 미란다 원칙을 들었다니, 정말 아이러니하지.

미란다 원칙은 단순한 절차가 아니야. 범죄를 저질렀다고 의심받는 사람도 법적으로 보호받아야 한다는 중요한 원칙이지. 수사를 공정하게 진행하고, 억울한 피해자가 생기지 않도록 막아 주는 최소한의 장치야. 법은 모두에게 공정해야 해. 그리고 그 공정을 지키는 첫걸음이 바로 미란다 원칙이야.

온라인에 단 댓글 때문에 벌을 받을 수도 있을까?

인터넷 기사나 SNS에 달리는 댓글을 보면 가끔 눈살이 찌푸려질 때가 있어요. 특히 유명인들에게 쏟아지는 악성 댓글은 심각한 사회문제가 되고 있잖아요. 하지만 댓글을 다는 것도 표현의 자유 아닐까요? 그렇다면 표현의 자유는 어디까지 허용되는 걸까요? 온라인에 쓴 댓글도 법적으로 문제가 될 수 있나요?

　　스마트폰과 인터넷을 통해 뉴스를 보고, 카카오톡이나 SNS로 친구들과 대화하는 게 이젠 너무 당연한 일이야. 인터넷은 빠르고 편리한 소통의 장이지만, 익명성에 기대어 누군가를 비방하거나 거짓 정보를 퍼뜨리는 일도 많아졌어. 특히 악성 댓글, 즉 '악플'은 심각한 문제야.

　　악플은 그냥 장난이 아니야. 누군가를 비방하거나 명예를 훼손하는 글은 사이버 범죄가 될 수도 있어. 아무도 내가 누군지 모르니까 함부로 말해도 된다고 생각하면 절대 안 돼. 심지어 사실을 썼더라도 상대방을 공격하거나 모욕적인 표현을 사용하면 법적으로 처벌받을 수 있어.

　　우리나라에는 악성 댓글과 관련된 법이 있어. '정보통신망 이용촉진 및 정보보호 등에 관한 법률(정보통신망법)'에서는 명예훼손에 대한 처벌을 규정하고 있어. 이 법에 따르면, 사실을 드러내어 다른 사람의 명예를 훼손하면 3년 이하 징역 또는 3천만 원 이하 벌금에 처해질 수 있어. 만약 거짓 정보로 명예를 훼손하면 처벌이 더 무거워져. 7년 이하의 징역, 10년 이하의 자격정지 또는 5천만 원 이하의 벌금이 부과될 수 있어.

또 형법 제311조에서는 모욕죄를 다루는데, 공개된 장소에서 누군가를 모욕하면 1년 이하의 징역이나 200만 원 이하의 벌금을 받을 수 있어. 쉽게 말해, 악플 하나가 징역이나 큰 벌금으로 이어질 수 있다는 거야! 그저 댓글 하나지만 누군가에게 큰 상처를 줄 수도 있고, 자신에게도 큰 불이익을 가져올 수 있다는 점을 꼭 기억해야 해.

실제로 악플 때문에 법적 처벌을 받은 사례도 많아. 예를 들어, 2023년 한 연예인이 악플러를 고소했고 피의자는 모욕죄로 50만 원의 벌금형을 선고받았어. "그냥 내 의견 썼을 뿐이야."라고 변명할 수도 있지만, 누군가를 비방하거나 모욕하는 건 자유로운 표현이 아니라 불법 행위가 될 수 있어. 또 2021년에는 한 인터넷 강의 업체 대표가 경쟁 업체를 상대로 수년간 20만 건의 악플을 조직적으로 작성해서 손해배상 소송에서 9억 원 배상과 형사재판에서 징역형을 선고받은 사례도 있었어.

인터넷은 누구나 자유롭게 의견을 나눌 수 있는 공간이지만, 그 자유에는 책임이 따르는 법이야. 특히 포털 사이트나 유튜브

같은 온라인 플랫폼에서 댓글로 다른 사람을 비방하거나 사실과 다른 내용을 올려 모욕죄나 명예훼손에 해당하는 일이 자주 생겨. 이는 온라인상에서의 표현의 자유와 개인의 명예가 충돌하는 대표적인 예라고 할 수 있어.

우리 헌법 제21조는 "모든 국민은 언론·출판의 자유와 집회·결사의 자유를 가진다."고 보장하고 있어. 누구나 자기 생각이나 지식을 말이나 글로 자유롭게 표현할 권리가 있다는 것이지. 하지만 이 자유가 누군가를 명예를 훼손하거나 모욕하는 행위까지 허용하는 건 아니야. 즉 내 자유를 누리면서도 다른 사람의 권리를 존중해야 한다는 거지.

서로의 권리가 충돌하면, 어떻게 해결할 수 있을까?

어제는 참 많은 일을 경험했어요. 도서관에서 잠깐 옆 친구와 수다를 떨다가 조용히 공부하는 친구와 다투었고, 저녁을 먹으러 가는 길에는 거리에서 시위하는 사람과 통행을 원하는 시민이 부딪히는 모습을 봤어요. 또, 집에 돌아오는 길에는 공공장소에서 담배를 피우고 싶은 사람과 깨끗한 공기를 마시고 싶은 사람이 싸우는 모습도 봤어요. 서로의 권리가 충돌하는 순간들이었죠. 그렇다면, 내 권리를 지키면서도 다른 사람의 권리를 존중하는 방법은 없을까요? 이런 상황에서는 어떻게 해결하는 게 좋을까요?

헌법이 보장하는 기본권은 대한민국 국민이라면 누구나 누릴 수 있는 권리야. 하지만 이 권리가 언제나 무제한으로 보장되는 건 아니야. 사람들의 기본권이 충돌할 수 있기 때문이지.

누군가가 자기 땅에 엄청 높은 빌딩을 짓겠다고 한다고 생각해 봐. 그러면 옆집 사람들은 햇빛을 못 받아 일조권이 침해될 수 있지. 이 경우, 빌딩 주인의 재산권과 이웃의 일조권이 충돌하는 거야.

또 다른 예를 들어 볼까? 실외에서 마스크를 쓰지 않고 편하게 숨 쉴 자유, 여러 사람이 모여 대화할 수 있는 집회의 자유, 음식점 운영 시간을 임의로 정할 수 있는 영업의 자유 등, 자유권은 헌법이 보장하고 있는 기본권이야. 하지만 생명을 위협하는 전염병이 유행하는 상황에서는 이런 자유가 다른 사람의 생명권이나 건강권을 위협할 수 있지. 코로나19 팬데믹 당시 2020년 정부는 밤 10시 이후 식당 영업을 제한했는데, 이는 영업의 자유와 공공 건강권의 충돌이었어.

이처럼 두 주체의 기본권이 충돌하는 것을 '기본권의 충돌'이라고 해. 그럼 이런 충돌이 생겼을 때, 내 권리를 끝까지 주장할 수 있을까? 기본권이 충돌할 때는 어떻게 해결해야 공정할까?

이를 해결하는 한 가지 방법은 두 권리를 양팔저울에 올려놓고 어느 쪽이 더 중요한지 따져 보는 거야. 이걸 '법익 형량의 원칙'이라고 해. 쉽게 말해, 기본권을 비교해서 더 중요한 가치를 지닌 쪽을 우선하는 거야. 2004년 헌법재판소는 '집회 및 시위에 관한 법률'의 야간 옥외집회 금지 조항이 헌법에 위반된다는 결정을 내렸어. 정부와 입법부는 야간 집회가 공공질서를 해칠 가능성이 크다고 주장했지만, 헌법재판소는 이를 과도하게 제한하면 집회의 자유라는 기본권이 침해된다고 판단했어. 공공질서도 중요하지만, 그것만을 이유로 국민의 기본권을 과도하게 제한할 수 없다는 거지.

또 다른 방법은 충돌하는 권리들을 싸우게 두지 않고 조화롭게 만드는 거야. 이건 '규범 조화적 해석의 원칙'이라고 불러. 2010년 대법원은 종교 단체에서 만든 고등학교가 특정 종교 행사를 강제한 사건에서, 학생의 종교의 자유와 학교의 종교 교육의 자유가 충돌한다고 봤어. 대법원은 학생들에게 종교 행사 참여를 강요할 수는 없지만, 학교가 종교 교육을 실시할 자유 역시 인정했어. 즉 강제로 종교 활동에 참여하지 않을 자유를 학생에게 보장하면서, 학교의 교육 목적도 존중하는 방식이야.

정리하면, 기본권이 충돌하는 경우에는 단순히 한쪽 권리만을 무조건 보장하지 않고, 상황에 따라 더 중요한 기본권을 우선하거나, 서로 조화롭게 균형을 맞추는 방식으로 해결해. 헌법 재판소와 법원도 사건마다 충돌하는 기본권의 성격과 상황을 종합적으로 고려해 최선의 해결책을 선택하고 있어.

이처럼 기본권은 모두 소중하지만, 서로의 권리를 존중하고 사회 전체의 이익을 함께 생각하는 태도가 필요해.

미래를 위한 헌법 이야기

1. 헌법은 어떻게 바꿀 수 있을까?

2. 헌법으로도 해결되지 않는 문제가 있을까?

3. 민주적 헌법이 없으면 어떤 일이 벌어질까?

4. 헌법은 완벽할 수 있을까?

5. 청소년의 목소리가 헌법에 반영될 수 있을까?

헌법은
어떻게 바꿀 수 있을까?

어느 날 뉴스에서 "대통령 임기를 바꾸자."는 이야기가 나왔어요. 정치인들뿐만 아니라 사람들 사이에서도 이런 얘기가 종종 오가곤 하잖아요. 그런데 대통령 임기를 바꾸려면 어떻게 해야 할까요? 그냥 법을 하나 새로 만들면 되는 걸까요? 아니면 국회에서 투표로 정하면 되는 걸까요?

헌법은 국가의 뼈대가 되는 가장 중요한 법이기 때문에, 쉽게 개정되어서는 안 돼. 일반 법률을 바꾸는 것보다 훨씬 더 복잡하고 신중한 과정이 필요하지. 왜냐하면 특정 정치 세력이 자기 마음대로 헌법을 바꾸는 걸 막아야 하거든.

그럼 우리나라에서 헌법을 어떻게 바꿀 수 있는지 알아볼까? 헌법 개정이란 쉽게 말해 헌법의 일부 내용을 수정하거나 새로운 조항을 추가하는 것을 뜻해. 헌법은 나라의 핵심적인 법이라 시대 변화에 맞춰 국민의 요구를 반영할 필요가 있어. 하지만 아무 때나 마음대로 바꿀 수 있는 건 아니야. 일정한 절차를 반드시 따라야 하고, 국민의 동의를 얻어야 해.

먼저, 헌법을 바꾸려면 개헌안을 '발의'해야 해. 발의는 "이렇게 헌법을 바꾸자."고 제안하는 거야. 발의 방법은 두 가지가 있어. 국회 재적의원 300명 중 과반수, 즉 151명 이상이 동의하면 발의할 수 있어. 또는 대통령이 개헌안을 제안할 수도 있는데, 이때는 국무회의의 심의를 거쳐야 해.

개헌안이 발의되면 대통령은 헌법 제129조에 따라 최소 20일 동안 개정안을 '공고'해야 해. 쉽게 말해, "이런 식으로 헌법이 바뀔 수 있어요."라고 알리는 거야. 이때 국민은 개헌안을 확인하고 찬성인지 반대인지 생각할 시간을 갖고, 개헌안에 대한 의견을 낼 수도 있어. 의견 공고는 국민의 동의를 구하는 중요한 과정이라 절대 단축하거나 생략할 수 없어.

공고가 끝나면 개헌안은 국회로 넘어가 심사를 받아. 국회는 개헌안이 공고된 날부터 60일 이내에 표결을 해야 하고, 재적 의원 3분의 2, 즉 200명 이상의 찬성이 있어야 통과돼. 이 과정에서 국회의원들은 개헌안이 적절한지 철저히 검토하지.

국회를 통과한 개헌안은 헌법 제130조 제2항에 따라 30일 이내에 국민투표에 부쳐져. 쉽게 말해, 국민에게 "이 헌법 개정안, 찬성하시겠습니까?"라고 직접 묻는 거야. 여기서 18세 이상 유권자의 과반수가 투표하고, 그중 과반수가 찬성해야 개헌안이 확정돼. 1987년 개헌 때는 국민투표에서 93.1%가 찬성해서 국민이 직접 투표권을 행사하는 대통령 직선제를 도입했어. 이렇게 국민투표를 통해 국민의 의견이 국가의 중요한 결정에 반영되는 거야. 이 과정은 헌법의 신뢰성을 높이고, 민주주의의 기본 원칙을 더욱 강화하는 역할을 해.

국민투표에서 개헌안이 통과되면 대통령이 이를 즉시 공포해야 해. 일반 법률과 달리 대통령이 거부권을 행사할 수 없기 때문에 개헌이 확정되면 곧바로 효력이 발생하지.

헌법 개정은 나라의 근본적인 틀을 바꾸는 중요한 일이야. 단순한 법률 개정과는 달리, 국민 전체의 동의와 신중한 논의가 필요하지. 그래서 국회 의결과 국민투표라는 과정을 거쳐 공정성과 민주성을 확보하는 거야.

헌법은 우리나라에서 가장 중요한 법이잖아요. 그렇다면 헌법이 있으면 모든 문제가 다 해결되는 건가요? 예를 들어, 어떤 문제에 대한 의견이 친구와 다를 때, 헌법으로 그 답을 찾을 수 있을까요? 헌법이 모든 상황을 다 다루고 있는지 궁금해요.

좋은 질문이야! 헌법은 나라의 가장 근본적인 법이지만, 모든 상황을 구체적으로 규정할 수는 없어. 왜냐하면 세상은 계속 변하고, 사람들의 상황도 너무 다양하기 때문이야. 그렇다면 어떤 문제가 헌법만으로는 해결하기 어려울까?

먼저, 사람마다 생각이 다르잖아? 어떤 사람은 표현의 자유가 중요하다고 생각하지만, 또 어떤 사람은 혐오 표현을 규제해야 한다고 주장해. 헌법 제21조는 표현의 자유를 보장하지만, 제17조에는 타인의 명예와 사생활을 보호해야 한다고 나와 있어. 이런 경우, 헌법만으론 누가 옳은지 바로 답을 내리기 어려워. 법원의 판결이나 사회적 합의, 구체적 법률 제정이 필요하지.

둘째, 인터넷과 AI 같은 새로운 기술도 헌법의 한계를 보여 줘. 예를 들어, AI가 만든 그림이나 음악의 저작권은 누구에게 있을까? 또, 가상세계에서 발생한 범죄는 현실에서 어떻게 처벌해야 할까? 헌법이 만들어질 당시에는 이런 문제를 예상하지 못했기 때문에, 기존의 헌법 조항만으로는 해결하기 어려운 상황이 많아지고 있어. 이처럼 사회 전반에 큰 변화가 생기면 새로운 법이 필요하거나 기존 법을 수정해야 할 때가 많아.

특히, AI 기술의 발전으로 인해 개인정보 보호와 사생활 침해 문제가 더욱 심각해지고 있어. AI가 얼굴 인식이나 위치 추적 같은 기술을 활용하면, 개인의 일거수일투족이 감시될 수 있거든. 이렇게 되면 헌법이 보장하는 사생활의 비밀과 자유가 위협받을 수 있어. 또한, AI의 판단 과정은 불투명하기 때문에 그 결정이 공정한지 확인하기도 쉽지 않아.

AI 시대는 일자리에도 큰 변화를 가져오고 있어. 자율주행차가 대중화되면 택시 기사나 버스 운전사는 어떤 일을 해야 할까? 공장에서 AI 로봇이 사람보다 더 빠르고 정확하게 일을 한다면, 노동자들은 일자리를 잃을 수도 있어. 이렇게 직업이 사라지거나 바뀌는 상황에서, 헌법은 국민의 기본적인 생계를 보장해야 해. AI로 인해 생기는 실업 문제를 해결하기 위해 새로운 직업 교육과 재취업 지원 정책이 필요할 수도 있어. 또한, AI와 인간이 협력할 수 있는 새로운 노동 환경을 만들어 가는 것이 중요해질 거야. 이런 문제는 헌법만으로는 해결하기 힘들어서,

새로운 법률이나 정책, 사회적 논의가 함께 필요해.

국가 간의 분쟁도 헌법으로 해결하기 어려운 문제야. 예를 들어, 한 나라가 다른 나라의 영토를 두고 다툰다면, 각국의 헌법만으로는 해결할 수 없어. 국제법이나 외교 협상을 통해 해결해야 하지. 독도 문제가 여기에 해당해. 독도는 역사적·지리적으로 우리 고유의 영토인데 일본이 계속 부당한 주장을 펼치고 있잖아. 헌법 제3조는 우리 영토를 보장하지만, 독도 문제 같은 국제 분쟁은 국제법이나 외교적인 노력으로 풀어야 해. 감정적으로 대응하면 독도가 분쟁지역으로 보일 수 있기 때문에, 냉정하고 신중한 대처가 필요해.

또, 기후 변화 같은 전 지구적인 문제도 한 나라의 헌법만으로는 해결하기 힘들어. 여러 나라가 협력해야 해결의 실마리를 찾고 실행할 수 있지. 2015년에 파리협정에서 탄소 배출을 줄이기로 약속한 것도 그런 노력의 일환이야.

헌법은 우리 권리를 지키는 튼튼한 울타리지만, 세상의 모든 문제를 다 해결할 순 없어. 그래도 헌법이 공정한 기준을 제시해 주고, 문제를 풀어 나갈 시작점을 만들어 준다는 것, 잊지 마.

민주적 헌법이 없으면
어떤 일이 벌어질까?

학교에서 체육대회나 축제를 준비할 때 보통 다 같이 의견을 내서 정하잖아요. 그런데 만약 몇몇 친구들이 자기들 마음대로 규칙을 정하고, 우리는 그냥 따라야만 한다면 어떨까요? 의견을 말할 수도 없고, 결정이 부당해도 바꿀 수 없다면 너무 답답할 것 같아요. 나라의 법도 비슷한 것 같아요. 국민의 의견이 반영되지 않고, 소수의 권력자가 마음대로 만든다면 문제가 생길 수밖에 없겠죠? 그런데 만약 헌법이 없거나, 있다고 해도 국민을 위한 것이 아니라면 어떻게 될까요? 국민이 자유롭고 안전하게 살 수 있을까요?

　민주적 헌법이 없으면 국민의 목소리가 무시되고, 한 사람이나 소수의 권력이 나라를 좌지우지할 수 있어. 과거 유럽과 아시아의 역사를 보면, 이런 일이 실제로 있었지. 영국이나 프랑스, 미국 등에서는 시민이 직접 들고일어나서 왕의 권력을 줄이고 국민의 권리를 얻어냈어. 시민혁명이나 독립운동으로 '국민이 주인인 나라'를 만든 거지.

　하지만 독일은 달랐어. 1871년 프로이센 주도로 독일이 통일됐을 때, 왕과 귀족이 시민의 의견을 묻지 않고 헌법을 만들었거든. '헌법을 만들었으니, 민주주의 국가가 된 거고 좋은 것 아닌가?' 생각할 수도 있지만 실상은 전혀 달랐어. 겉으론 민주주의처럼 보였지만, 실상은 왕이 모든 권력을 쥔 '가짜 헌법'이었던 거지. 이 헌법에는 "주권은 왕에게 있다."라고 명시되어 있었고, 국민의 권리는 거의 없었어. 삼권분립도 형식적이었지. 행정권은 왕이, 입법권은 왕과 의회가 나눠 가졌고, 사법권은 "왕의 이름으로" 행사됐어. 심지어 왕에게 '독립명령권'이라는 특권을 줘서, 마음대로 법을 무시할 수 있었어.

이 가짜 헌법을 만든 후 독일을 통일한 프로이센은 나라 이름을 '독일제국'으로 바꿨어. 하지만 통일 후에도 별다른 변화는 없었지. 민주주의 국가는 국민의 뜻과 지혜를 모아서 운영되지만, 왕에게 권력이 집중된 나라에서는 그의 결정 하나로 나라 전체가 흔들릴 수 있어. 만약 그 왕이 잘못된 판단을 하면 그 피해는 국민이 고스란히 떠안게 되지. 실제로 독일은 제1차 세계대전을 일으켰다가 패전하면서 수많은 독일인이 희생됐어. 만약 독일 국민이 민주적 헌법을 통해 정치에 참여했더라면, 이런 전쟁을 막을 수도 있었을 거야.

독일뿐만이 아니야. 일본도 비슷한 길을 걸었어. 1889년 '메이지 헌법'을 만들었을 때, 일본은 민주주의로 가는 척했지만 실상은 달랐어. 헌법은 "일본은 천황이 다스리는 나라"라고 못 박았지. 삼권분립을 하는 것처럼 보였지만, 실상은 천황天皇이 행정, 입법, 사법 등 모든 권력을 쥐고 있었지. 국회는 있었지만, 천황이 마음대로 해산할 수 있었고, 어떤 법도 천황의 명령으로 무효가 될 수 있었어. 국민의 기본권도 "천황이 필요하면 제한할 수 있다."고 쓰여 있어서, 자유가 사실상 없었어.

결과는 어땠을까? 일본은 이런 가짜 헌법을 만든 뒤 주변 나라들을 침략하면서 끔찍한 전쟁을 벌였어. 우리나라와 중국 등 이웃 나라들을 침략했고, 1930년대에는 국민의 정치적 자유를 완전히 억압한 채 군부가 권력을 잡았고, 결국 1941년에는 미국과 태평양 전쟁까지 벌였어. 그 결과, 1945년에 히로시마와 나가사키에 원자폭탄이 떨어지면서 수십만 명이 목숨을 잃었지. 만약 일본이 국민의 뜻을 존중하고, 다양한 의견을 반영하는 민주주의 국가였다면, 그런 무모한 전쟁을 벌일 수 있었을까? 국민이 정치에 참여할 수 있었다면, 군부가 전쟁을 일으키는 걸 막을 수도 있었겠지.

민주적 헌법이 없으면, 국민의 목소리가 묻히고 소수의 잘못된 결정이 나라를 망칠 수 있어. 독일과 일본의 역사는 그걸 뼈아프게 보여 주지. 헌법은 국민의 자유와 안전을 지키는 가장 중요한 장치이니, 소중히 지키고 발전시켜 나가야 해.

헌법은 완벽할 수 있을까?

유튜브에서 어떤 사람이 "이건 헌법 위반이다!"라고 외치고, 다른 사람은 "아니야, 헌법에 맞다!"라고 반박하는 걸 봤어요. 같은 사안을 두고 같은 헌법으로 해석하는데 왜 이렇게 의견이 갈릴까요? 헌법이 나라에서 가장 중요한 법이잖아요, 그렇다면 다른 의견이 나올 수 없을 만큼 완벽해야 하는 거 아닐까요? 그런데 가만히 생각해 보니, 헌법이 모든 문제를 완벽하게 해결해 줄 수 있다면 사람들이 이렇게 싸울 이유가 없지 않을까요? 정말 헌법은 완벽할 수 없는 걸까요?

영화에서 나오는 슈퍼히어로들은 정말 강해 보이지? 아이언맨, 배트맨, 스파이더맨 같은 히어로들은 세상을 구하고, 정의를 지키고, 악당을 물리쳐. 그런데 가만히 보면 이들도 완벽하지 않아. 아이언맨은 똑똑하지만 오만해서 문제를 일으킬 때가 있고, 배트맨은 정의를 위해 싸우지만 법을 어길 때도 많아. 스파이더맨은 책임감이 강하지만, 때때로 실수하지. 완벽한 히어로는 없어.

그런데 이게 꼭 나쁜 걸까? 오히려 완벽하지 않기 때문에 더 성장할 수 있고, 매력적으로 느껴지는 것 아닐까? 우리 사회를 지탱하는 헌법도 마찬가지야. 완벽하지 않지만, 그래서 계속 발전하고 시대에 맞춰 나아갈 수 있는 거야.

사실, 완벽한 헌법이라는 건 존재한 적이 없고, 앞으로도 존재하기 어려울 거야. 우리나라뿐만 아니라 세계 모든 나라의 헌법이 다 그래. 왜냐하면 헌법은 세상과 함께 변하는 살아 있는 법이기 때문이야. 헌법이 만들어질 당시에는 최선이었을지 모르지만, 시간이 지나면서 사회가 바뀌면 더 이상 현실에 맞지 않을 수 있어.

우리 헌법도 여러 번 바뀌었어. 우리 헌법은 1987년 제9차 개정을 통해 현행 헌법의 모습이 됐어. 미국도 1787년 헌법을 만든 뒤 스물일곱 번 수정했고, 프랑스도 시대에 맞춰 헌법을 고쳤어. 즉 헌법은 세상과 함께 변화해야 하는 거야.

그럼 헌법을 자주 바꾸는 게 좋을까? 그렇진 않아. 헌법이 너무 자주 바뀌면 법의 안정성이 흔들려서 사람들이 혼란을 겪을 수 있어. 학교 규칙이 매달 바뀌면 "지난달엔 됐던 게 이번엔 왜 안 돼?"라는 불만이 나오겠지. 헌법도 마찬가지야. 그래서 헌법을 고칠 때는 신중해야 해.

헌법이 완벽하지 않기 때문에, 헌법 하나로는 나라를 운영할 수 없어. 그래서 헌법 아래에 법률, 명령, 조례, 규칙 같은 다양한 법이 존재하는 거야. 예를 들어, 헌법 제35조에는 "모든 국민은 건강하고 쾌적한 환경에서 생활할 권리를 가지며……."라고 되어 있지만, 공장이 오염물질을 얼마나 배출해도 되는지는 환경보호법이 정하고, 쓰레기를 함부로 버리면 안 된다는 건 지역조례가 정해. 이렇게 헌법의 빈틈을 다른 법들이 채우는 거지.

그렇다면 말이야, 더 나은 헌법을 만들 수 있을까? 당연하지! 사람들은 늘 더 좋은 헌법을 만들기 위해 노력해 왔어. 예전엔 여성이나 흑인에게 투표권이 없었지만, 사회가 바뀌면서 헌법도 바뀌었고, 결국 모두가 투표할 수 있게 됐지. 헌법이 완벽하지 않다는 건 문제점이 아니라, 더 나아질 가능성이 있다는 뜻이야.

결국 중요한 건 헌법이 완벽한지가 아니라, 헌법이 시대에 맞게 발전하고 있는가야. 그리고 그 변화는 우리 모두의 관심에서 시작돼. 친구들이 '이 법은 좀 이상한데?'라고 생각하고, "왜 이건 이렇게 정해졌지?"라고 질문하는 순간부터 변화가 시작돼. 헌법은 우리가 살아가는 세상을 더 나은 곳으로 만들기 위해 변화하는 존재야. 마치 슈퍼히어로가 정의를 실현하기 위해 계속 성장하고 더 나아지려 노력하듯이 말이야.

청소년의 목소리가 헌법에 반영될 수 있을까?

학교에서 친구들과 이야기하다 보면 이런 생각이 들 때가 있어요.

'내가 의견을 내면 정말 반영될까?'

'학생회에서 결정하는 일이 내 생활에 얼마나 영향을 줄까?'

학교생활을 넘어 사회 전체를 봐도 마찬가지예요. 법이나 정책이 궁금해도 어디에 물어봐야 할지 막막하고, 청소년도 정치에 관심을 가져야 하는지 고민될 때가 있죠. 우리의 의견이 정말 중요한 결정에 반영될 수 있을까요? 더 나아가 청소년의 목소리가 헌법에 담길 수도 있을까요?

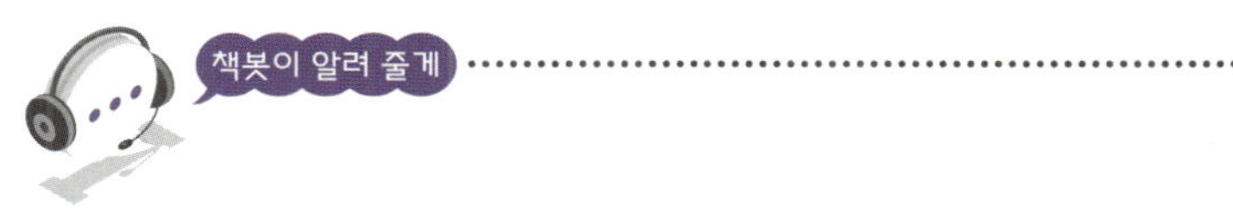

　　2016년, 노르웨이에서 환경 단체와 청소년들이 정부를 상대로 소송을 제기했어. 북극 바렌츠해에서 석유와 가스 탐사를 허가한 정부의 결정이 건강한 환경에서 생활할 권리를 담은 헌법 제112조를 위반했다고 본 거야. 비록 대법원이 정부의 손을 들어 주었지만, 이 과정에서 건강한 환경을 지킬 권리에 대한 사회적 논의가 활발해졌고 환경 보호 정책에 대한 관심도 높아졌어. 이 사례는 청소년들이 적극적으로 문제를 제기하고 참여할 때 사회적 변화를 이끌어 낼 수 있음을 보여 줘.

　　앞에서 살펴본 것처럼, 헌법은 우리 삶 곳곳에 스며들어 있고 청소년의 일상에도 깊이 연결되어 있어. 그렇다면 반대로 생각해 보면 어떨까? 청소년들도 헌법을 바꿀 수 있을까? 더 나아가, 청소년의 목소리를 헌법에 담을 수도 있을까? 당연히 가능해! 헌법은 국민의 생각과 요구를 반영하는 기본 규칙이고, 청소년도 국민의 일부야. 물론 투표권이 없어서 직접 바꾸긴 어렵지만, 청소년의 목소리가 사회를 움직여 헌법 개정에 영향을 준

대표적인 사례가 바로 '청소년 참정권'이야. 한국에서는 2020년에 18세부터 투표를 할 수 있도록 공직선거법이 개정됐어. 예전에는 19세부터 투표가 가능했는데, 청소년들이 "우리도 목소리를 내고 싶다!"며 캠페인과 청원을 했고, 정치인들이 이 의견을 반영해 법을 바꾼 거야.

**청소년들이 직접 헌법을 바꾸지는 못하더라도,
사회적 논의를 이끌어 가는 역할을 할 수 있어**

몇 년 전 청소년들이 편의점 아르바이트의 노동 조건을 개선하기 위해 목소리를 낸 적이 있어. 당시 일부 편의점 사장들이 청소년 아르바이트생들에게 부당한 야간 근무을 시켰고 최저임금에 미달하는 임금을 지불했어. 이에 청소년들이 SNS와 청원을 통해 문제를 공론화했고, 결국 고용노동부가 나서서 전국 편의점을 조사하고 위반을 적발했어. 편의점 본사에서도 최저임금 준수 가이드라인을 마련했지. 이를 통해 청소년 노동자의 권리가 보호되는 중요한 변화가 생겼어. 이렇게 청소년들도 현실의 문제를 바꾸기 위해 행동하고, 실제로 변화를 만들어 내고 있어.

18세 선거권이 보장되면서 정치인들도 미래의 유권자인 청소년들의 의견에 더 귀 기울이게 됐어. 청소년들이 원하는 정책이 무엇인지 고민하고 이를 반영하려는 움직임이 커진 거야. 예를 들어, 2023년 서울시가 청소년 노동권 보호를 위해 '청소년 노동인권 조례'를 강화했고, 학교에 정신건강 지원 프로그램도 늘어났어. 또, 청소년들이 정책 결정에 직접 참여할 수 있도록 '청소년 의회' 같은 프로그램도 생겨나고 있지. 이런 변화는 청소년들이 "우리의 목소리도 중요하다!"고 외친 결과야.

청소년도 소중하고 막강한 국민이야. 아직 미성년자라서 법적으로 모든 권리를 갖지는 않지만, 청소년도 자기 생각을 자유롭게 이야기할 권리가 있어. 청소년이 관심을 가지고 적극적으로 목소리를 내면, 사회는 변할 수밖에 없어.

지금 당장 헌법을 바꾸는 건 어렵겠지만, 청소년이 할 수 있는 일은 많아. 먼저, 헌법이 어떤 내용을 담고 있는지 알아야 해. 그리고 현재 헌법이 청소년의 권리를 얼마나 잘 보장하고 있는지도 살펴봐야겠지. 예를 들어, '청소년의 일할 권리는 잘 보장되고 있을까?', '학교에서 민주적으로 의견을 표현할 수 있는 권리는 충분할까?' 등의 문제를 고민하고, 다른 친구들과 함께 토론해 보는 것도 중요해.

헌법은 시대에 맞게 변화하는 살아 있는 법이야. 그리고 그 변화는 결국 사람들의 목소리에서 시작되지.

청소년들이 관심을 가지고 적극적으로 나서면, 헌법도 바뀔 수 있어. 중요한 건, "청소년은 아직 어려서 안 돼."라고 단정 짓지 말고, "청소년도 사회를 변화시킬 힘이 있어."라고 믿는 거야. 작은 목소리가 모이면 큰 변화를 만들 수 있어. 지금 청소년이 하는 고민과 행동이 언젠가는 헌법을 바꾸는 원동력이 될지도 몰라.

헌법이 궁금해? 챗봇이 알려줄게!

초판 1쇄 인쇄 2025년 6월 26일
초판 1쇄 발행 2025년 7월 7일

지은이 승지홍 **펴낸이** 김종길
펴낸 곳 글담출판사 **브랜드** 글담출판

기획편집 이경숙·김보라 **영업홍보** 김보미·김지수
디자인 손소정 **관리** 이현정

출판등록 1998년 12월 30일 제2013-000314호
주소 (04029) 서울시 마포구 월드컵로8길 41 (서교동 483-9)
전화 (02) 998-7030 **팩스** (02) 998-7924
블로그 blog.naver.com/geuldam4u **이메일** to_geuldam@geuldam.com

ISBN 979-11-91309-89-8 (04360)
        979-11-91309-88-1 (세트)

책값은 뒤표지에 있습니다.
잘못된 책은 바꾸어 드립니다.

만든 사람들 ─────────────────────
책임편집 이경숙 **디자인** 손소정 **교정교열** 신혜진

글담출판에서는 참신한 발상, 따뜻한 시선을 가진 원고를 기다리고 있습니다.
원고는 글담출판 블로그와 이메일을 이용해 보내주세요.
여러분의 소중한 경험과 지식을 나누세요.